주제별

일용할 양식

펴낸날 2008년 1월 30일
펴낸이 이 현정
글쓴이 이 낙승
표지디자인 양나리
내지디자인 김은철

펴낸곳 UBF 출판부
http://www.ubf.or.kr
1987년 12월 12일 출판등록 바-1065
서울시 종로구 효제동 54-2
우편번호 110-850
Tel 02)741-2377, 02)763-7097
Fax 02)741-3350

대학생성경읽기선교회
University Bible Fellowship

주제별 일용할 양식

「일용할 양식」은 매일 성경을 조금씩 묵상함으로써 그것을 영혼의 양식으로 삼도록 돕기 위한 책이라면, 「주제별 일용할 양식」은 주제를 정해놓고 매일 성경을 조금씩 묵상하게 함으로써, 신자들이 성경에서 알아야 할 지식의 체계를 잡아주고자 쓰여진 책입니다.
그 주제들은 다음과 같습니다.

제 01 일 – 제 01 일: 성경의 전체 요절
제 02 일 – 제 08 일: 창조와 타락
제 09 일 – 제 17 일: 구원
제 18 일 – 제 26 일: 십자가와 부활
제 27 일 – 제 30 일: 믿음의 내용
제 31 일 – 제 44 일: 믿음의 성장
제 45 일 – 제 50 일: 세상 속의 신자
제 51 일 – 제 55 일: 기도생활
제 56 일 – 제 60 일: 신자의 물질생활
제 61 일 – 제 64 일: 헌신적인 삶
제 65 일 – 제 71 일: 신자의 가치관
제 72 일 – 제 76 일: 부르심
제 77 일 – 제 82 일: 신자의 사명
제 83 일 – 제 89 일: 믿음의 역사
제 90 일 – 제 91 일: 신자의 희망

이 책은 특히 새 리더들이 신자가 가져야 할 성경적인 지식들을 체계적으로 습득하는 데 도움이 될 것입니다.

이 책은 91일 동안에 전 주제를 다루도록 편집되어 있지만, 만일 리더들을 훈련하기 위해 사용할 경우, 훈련 일정을 고려하여 필요한 주제를 택해 그 부분만 묵상해도 될 것이며, 또는 한 주제에서 며칠씩만 택하여 묵상해도 될 것입니다.

제 1 일

성경의 전체 요절

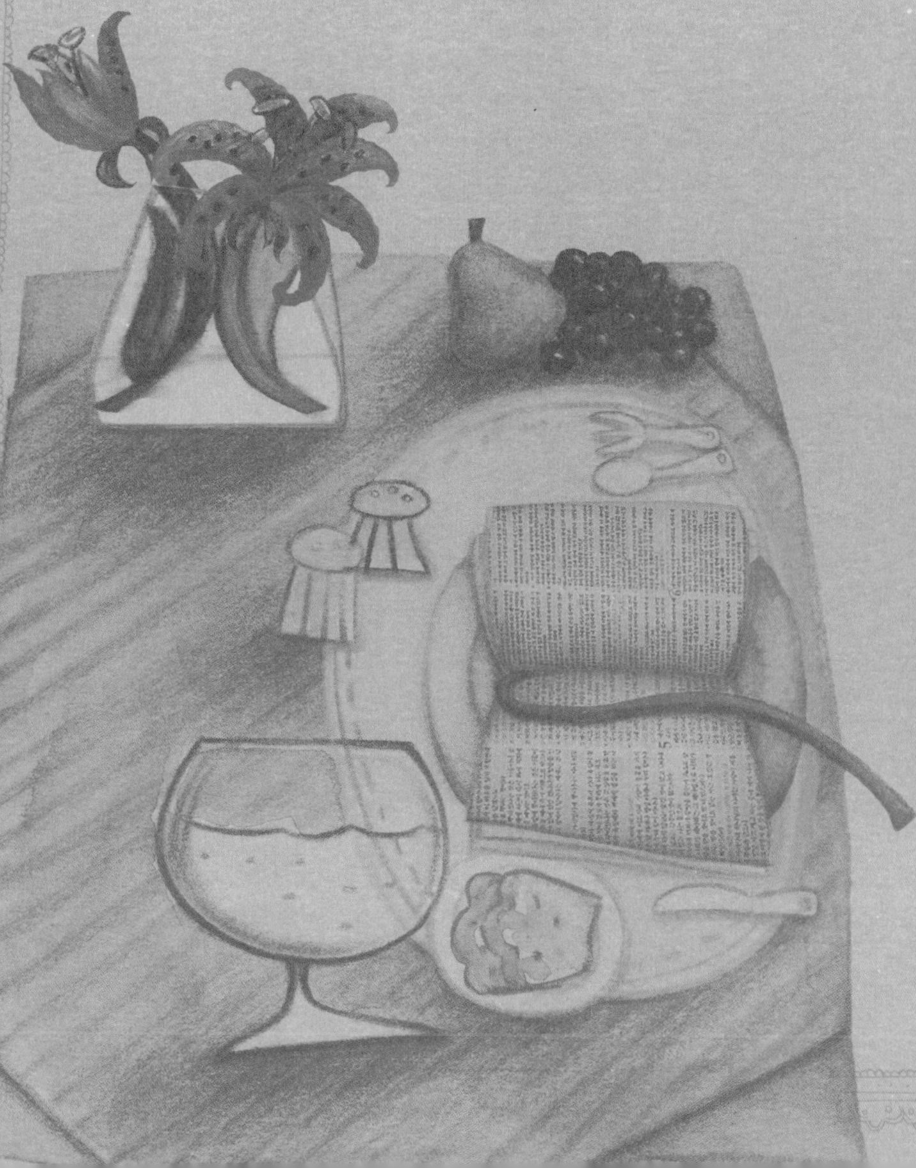

01 하나님이 세상을 이처럼 사랑하사

요한복음 3:16

요절 "하나님이 세상을 이처럼 사랑하사 독생자를 주셨으니…"(16a)

세상 사람들은 하나님이 계신 것을 알면서도 하나님을 외면했습니다. 하나님을 영화롭게 하지 않았으며 제 멋대로 살며 죄를 범했습니다. 세상은 하나님의 진노의 심판을 받아 마땅했습니다.

그러나 하나님은 이런 세상을 사랑하셨습니다. 그들이 멸망하지 않고 영생을 얻게 하고자 하셨습니다. 하나님은 의로우신 분인데, 어떻게 심판 받아 마땅한 죄인들을 사랑하실 수 있단 말입니까? 하나님은 진노의 심판을 받아야 할 죄인들을 대신해서 그의 아들 그리스도 예수님으로 하여금 우리가 받아야 할 심판을 대신 받게 하셨습니다. 하나님은 예수님에게 우리의 모든 죄를 담당시키셨습니다. 예수님은 우리의 모든 죄를 지고 십자가에 돌아가셨습니다. 예수님은 하나님의 하나밖에 없는 외아들, 독생자(獨生子; one and only son)이십니다. 하나님은 하나밖에 없는 아들을 주실 만큼 세상을 극진하게 사랑하셨습니다. 하나님은 심판을 받아 멸망 받을 수밖에 없는 세상을 '이처럼' 사랑하셨습니다.

이제 저자는 말합니다. "이는 그를 믿는 자마다 멸망하지 않고 영생을 얻게 하려 하심이라." 우리는 심판 받을 수밖에 없는 죄인인데 그리스도 예수님께서 우리의 죄를 담당하셨다는 것을 '믿는 자'는 멸망당하지 않고 영생을 얻습니다. 사람이 죄로부터 구원을 받고 영생을 얻을 때 비로소 참된 행복을 누리며, 사람다운 삶을 살 수 있습니다.

기도 주님! 멸망받을 죄인을 위해 독생자를 주시니 감사합니다.
제가 예수님을 믿고 영생을 얻기 원합니다.

한마디 "그 크신 하나님 사랑"

Note

16 하나님이 세상을 이처럼 사랑하사 독생자를 주셨으니 이는 그를 믿는 자마다 멸망하지 않고 영생을
얻게 하려 하심이라.

제2일–제8일

창조와 타락

02

천지만물을 창조하신 하나님

창세기 1:1–5

요절 "태초에 하나님이 천지를 창조하시니라."(1)

이 세상에는 참으로 많은 것들이 존재합니다. 매일 아침 해가 뜨고, 떠오르는 해와 함께 삼라만상이 그 모습을 드러냅니다. 그리고 그 모든 존재들 가운데 내가 존재하고 있습니다. 이 모든 것들이 어떻게 존재하게 되었을까요? 이 질문은 단순한 호기심 때문에 해보는 질문만은 아닙니다. 바로 '나'라는 존재가 어떻게 존재하게 되었느냐는 질문이며, '나'라는 존재가 과연 세상에 존재할 가치와 의미가 있는가 하는 해답이 거기에 있기 때문입니다.

이 질문에 대한 대답에는 여러 가지가 있지만 크게 분류하면 진화론과 창조론입니다. 만일 우리가 진화론을 택한다면 이해하기는 쉽지만, 맨 처음에 무엇이 있었는가 하는 제1원인을 규명할 수 없습니다. 무엇보다도 사람이 벌레나 원숭이에게서 진화했다면 거기에서 만물과 나의 존재 의미를 찾을 수는 없지 않겠습니까?

그러나 성경은 엄숙히 선포합니다. "태초에 하나님이 천지를 창조하시니라." 하나님은 태초부터, 시간이 시작되기 전, 그러니까 영원 전부터 계신 분이십니다. 하나님은 또 말씀하시며, 생각하시며, 의지를 가지신 분이십니다. 이 하나님이 태초에 천지를 창조하셨습니다. 세상 만물은 아무 것도 없는 데서 하나님께서 '창조'하심으로써 존재하게 되었습니다.

무릇 사람이 무엇을 만들 때에는 그것을 만드는 뜻과 그로 인한 계획이 있습니다. 하물며 하나님께서 천지만물을 지으실 때, 그리고 나를 지으실 때 얼마나 크신 뜻과 계획을 두고 계셨겠습니까?

기도 하나님께서 저를 창조하셨습니다. 제가 세상에 존재하게 된 데에는 하나님의 크신 뜻과 분명한 계획이 있음을 믿습니다

한마디 "뜻 없는 존재는 없다."

Note

1 태초에 하나님이 천지를 창조하시니라.
2 땅이 혼돈하고 공허하며 흑암이 깊음 위에 있고 하나님의 영은 수면 위에 운행하시니라.
3 하나님이 이르시되 "빛이 있으라." 하시니 빛이 있었고
4 빛이 하나님이 보시기에 좋았더라. 하나님이 빛과 어둠을 나누사
5 하나님이 빛을 낮이라 부르시고 어둠을 밤이라 부르시니라. 저녁이 되고 아침이 되니 이는 첫째 날
이니라.

03 전능하신 하나님

창세기 1:6-25

요절 "하나님이 이르시되 … 그대로 되어."(11)

1. 하나님의 권능

창세기 1장에는 "하나님이 이르시되 … 그대로 되니라."는 말씀이 여덟 번이나 나옵니다(3,6,9,11,14,20,21). 하나님은 만물을 창조하실 때 어떤 재료가 아니라 말씀으로 창조하셨습니다. 하나님이 "빛이 있으라!" 하시자 빛이 있었고, "하늘에 궁창이 있으라!" 하시자 궁창이 생겼습니다. 하나님의 말씀 한 마디에 각양의 식물과 새들과 물고기들이 생명을 구가하게 되었습니다.

하나님의 말씀은 무(無)에서 유(有)를 창조하는 권능이 있습니다. 1장에서 나오는 하나님이라는 단어가 히브리어 성경에는 '엘로힘'이라 했는데, '권능의 하나님'이라는 뜻입니다. 이 하나님 안에는 불가능이 없습니다. 하나님은 성경에 기록된 대로 온갖 이적을 이루셨으며, 예수님을 죽은 자 가운데서 부활하도록 하셨습니다. 이 하나님을 믿을 때 우리는 우리의 연약함과 온갖 한계를 극복하고 능력 있는 삶을 살 수 있습니다.

2. 질서와 조화

창세기 1장에는 또 "하나님이 보시기에 좋았더라."는 말씀이 반복되고 있습니다(10,12,18,21,25). 우주만물에는 완벽한 질서와 조화가 있습니다. 천체의 운행 경로와 속도에는 한 치의 오차도 없습니다. 생명체의 먹이사슬에도 조화와 질서가 있습니다. 이런 사실들은 우주만물이 우연히 존재하게 된 것이 아니라 전능하신 하나님의 치밀한 계획 가운데서 창조되었음을 말해줍니다.

기도 주님! 오묘한 세상을 말씀 한 마디로 지으신 권능의 주님을 찬송합니다. 제가 이 하나님을 믿고 능력 있는 삶을 살겠습니다.

한마디 "하나님은 전능하시다."

Note

6 하나님이 이르시되 "물 가운데에 궁창이 있어 물과 물로 나뉘라." 하시고
7 하나님이 궁창을 만드사 궁창 아래의 물과 궁창 위의 물로 나뉘게 하시니 그대로 되니라.
8 하나님이 궁창을 하늘이라 부르시니라 저녁이 되고 아침이 되니 이는 둘째 날이니라.
9 하나님이 이르시되 "천하의 물이 한 곳으로 모이고 뭍이 드러나라." 하시니 그대로 되니라.
10 하나님이 뭍을 땅이라 부르시고 모인 물을 바다라 부르시니 하나님이 보시기에 좋았더라.
11 하나님이 이르시되 "땅은 풀과 씨 맺는 채소와 각기 종류대로 씨 가진 열매 맺는 나무를 내라." 하시니 그대로 되어
12 땅이 풀과 각기 종류대로 씨 맺는 채소와 각기 종류대로 씨 가진 열매 맺는 나무를 내니 하나님이 보시기에 좋았더라.
13 저녁이 되고 아침이 되니 이는 셋째 날이니라.
14 하나님이 이르시되 "하늘의 궁창에 광명체들이 있어 낮과 밤을 나뉘게 하고 그것들로 징조와 계절과 날과 해를 이루게 하라."
15 "또 광명체들이 하늘의 궁창에 있어 땅을 비추라." 하시니 그대로 되니라.
16 하나님이 두 큰 광명체를 만드사 큰 광명체로 낮을 주관하게 하시고 작은 광명체로 밤을 주관하게 하시며 또 별들을 만드시고
17 하나님이 그것들을 하늘의 궁창에 두어 땅을 비추게 하시며
18 낮과 밤을 주관하게 하시고 빛과 어둠을 나뉘게 하시니 하나님이 보시기에 좋았더라.
19 저녁이 되고 아침이 되니 이는 넷째 날이니라.
20 하나님이 이르시되 "물들은 생물을 번성하게 하라. 땅 위 하늘의 궁창에는 새가 날으라." 하시고
21 하나님이 큰 바다 짐승들과 물에서 번성하여 움직이는 모든 생물을 그 종류대로, 날개 있는 모든 새를 그 종류대로 창조하시니 하나님이 보시기에 좋았더라.
22 하나님이 그들에게 복을 주시며 이르시되 "생육하고 번성하여 여러 바닷물에 충만하라. 새들도 땅에 번성하라." 하시니라.
23 저녁이 되고 아침이 되니 이는 다섯째 날이니라.
24 하나님이 이르시되 "땅은 생물을 그 종류대로 내되 가축과 기는 것과 땅의 짐승을 종류대로 내라." 하시니 그대로 되니라.
25 하나님이 땅의 짐승을 그 종류대로, 가축을 그 종류대로, 땅에 기는 모든 것을 그 종류대로 만드시니 하나님이 보시기에 좋았더라.

04 하나님의 형상대로 지음 받은 인간

창세기 1:26-31

요절 "우리의 형상을 따라 우리의 모양대로 우리가 사람을 만들고"(26)

하나님은 우주만물을 창조하신 후 사람을 창조하셨습니다. 그런데 하나님은 다른 피조물들과는 달리 사람을 특별한 존재로 지으셨습니다. 사람은 어떤 점에서 특별한 존재입니까?

1. 하나님의 형상의 소유자(26,27)

하나님은 사람을 자기의 형상을 따라 지으셨습니다. 사람은 하나님의 속성을 가진 존재입니다. 사람은 하나님처럼 이성을 가진 존재요, 또 영원한 것을 구하는 존재입니다. 그래서 사람은 하나님과 교제해야 하고 종교가 필요한 존재입니다.

2. 사람은 다스리는 존재(28-30)

하나님은 "모든 생물을 다스리게 하자."는 특별한 계획 가운데서 사람을 지으셨습니다. 사람은 피조물을 경배해야 할 존재가 아니라 다스리는 존재입니다. 피조물을 신으로 경배하는 사람들이 있는데, 이는 어리석은 일이요 죄악입니다.

3. 하나님이 심히 기뻐하시는 존재(31)

하나님은 사람을 지으신 후 말씀하셨습니다. "하나님이 지으신 그 모든 것을 보시니 보시기에 심히 좋았더라." 사람은 누구나 하나님 보시기에 심히 귀한 존재입니다. 하나님의 눈으로 보면 키가 큰 사람이나 작은 사람, 재능이 많은 사람이나 적은 사람이나 다 귀한 존재입니다. 하나님의 눈으로 보면 모두가 독특한 개성과 장점이 있는 귀한 존재들입니다. 사람이 열등감과 비교의식에 시달리며 행복이 없는 것은 하나님을 알지 못하기 때문입니다.

기도 주님! 제가 남과 비교하며 자신을 자학하며 살아온 것을 회개합니다. 이제는 저를 귀하게 여기고 귀한 삶을 살겠습니다.

한마디 "나는 여호와 보시기에 존귀한 자"(사 49:5)

Note

26 하나님이 이르시되 "우리의 형상을 따라 우리의 모양대로 우리가 사람을 만들고 그들로 바다의
물고기와 하늘의 새와 가축과 온 땅과 땅에 기는 모든 것을 다스리게 하자." 하시고
27 하나님이 자기 형상 곧 하나님의 형상대로 사람을 창조하시되 남자와 여자를 창조하시고
28 하나님이 그들에게 복을 주시며 하나님이 그들에게 이르시되 "생육하고 번성하여 땅에 충만하라,
땅을 정복하라, 바다의 물고기와 하늘의 새와 땅에 움직이는 모든 생물을 다스리라." 하시니라
29 하나님이 이르시되 "내가 온 지면의 씨 맺는 모든 채소와 씨 가진 열매 맺는 모든 나무를 너희에게
주노니 너희의 먹을 거리가 되리라."
30 "또 땅의 모든 짐승과 하늘의 모든 새와 생명이 있어 땅에 기는 모든 것에게는 내가 모든 푸른 풀을
먹을 거리로 주노라." 하시니 그대로 되니라.
31 하나님이 지으신 그 모든 것을 보시니 보시기에 심히 좋았더라. 저녁이 되고 아침이 되니 이는
여섯째 날이니라.

05

안식일을 창설하신 하나님

창세기 2:1-3

요절 "하나님이 그 일곱째 날을 복되게 하사 거룩하게 하셨으니…"(3)

하나님은 엿새 동안에 천지를 창조하셨습니다. 그리고 일곱째 날에는 안식(安息)하셨습니다. 하나님께서 안식하신 것은 피곤해서 쉬시기 위함이 아니었습니다. 하나님께서 천지를 창조하신 것을 기념하고, 일곱째 날을 복 주시기 위함입니다(3).

그래서 하나님은 "안식일을 기억하여 거룩하게 지키라."고 말씀하심으로써 이 날을 특별히 구별하셨습니다(출 20:8). 안식일을 거룩하게 지키도록 하신 것은 우리를 얽어매려는 것이 아니라 우리를 복되게 하시기 위함입니다.

사람들은 안식일을 육신적으로 편히 쉬거나 여러 가지 재미거리를 찾고 즐기는 날로 생각합니다. 물론 사람이 잘 쉬는 것도 중요합니다. 잘 쉬어야 건강을 지키고 새 힘을 얻을 수 있으며 복된 삶을 살 수 있습니다. 그러나 사람은 하나님의 형상을 따라 지음 받은 존재요 영적인 존재입니다. 그러므로 하나님과 영적인 교제를 나누며 영혼의 쉼을 누려야 합니다. 사람이 육신적으로만 쉬고자 할 때 죄와 쾌락에 빠지고 결국은 삶이 불행해집니다.

그래서 안식일을 지키는 것이 중요합니다. 안식일에는 하나님께 예배드리며 기도와 말씀으로 하나님과 교제해야 합니다. 그럴 때라야 사람이 참된 쉼을 얻고 영적인 힘을 얻어 복된 삶을 살 수 있습니다.

기도 주님! 제게 영혼이 있으며, 제가 영혼의 안식이 필요한 존재임을 가르쳐 주셔서 감사합니다. 제가 안식일을 거룩하게 지킬 수 있도록 도와주십시오.

한마디 "안식일은 하나님이 주신 복된 날"

Note

1 천지와 만물이 다 이루어지니라.
2 하나님이 그가 하시던 일을 일곱째 날에 마치시니 그가 하시던 모든 일을 그치고 일곱째 날에 안식하시니라.
3 하나님이 그 일곱째 날을 복되게 하사 거룩하게 하셨으니 이는 하나님이 그 창조하시며 만드시던 모든 일을 마치시고 그 날에 안식하셨음이니라.

06 에덴 동산을 창설하신 하나님

창세기 2:4-25

요절 "선악을 알게 하는 나무의 열매는 먹지 말라."(17)

하나님은 인간을 흙으로 지으시고 생기를 그 코에 불어 넣으셨습니다. 그러자 사람이 생령, 곧 영혼을 가진 존재가 되었습니다(7). 사람은 흙으로 지어진 육신적인 존재일 뿐 아니라 영혼을 가진 영적인 존재입니다.

뿐만 아니라 하나님은 이런 인간이 행복하게 살 수 있는 완벽한 환경을 만들어 주셨습니다. 하나님께서 동방의 에덴에 동산을 창설하셨는데, 그 땅에는 먼저 보기에 아름답고 먹기에 좋은 나무가 가득했습니다. 뿐만 아니라 강들이 에덴에서 발원하여 동산을 적셨으며, 그 강가에는 순금 · 진주 · 호마노와 같은 보석들이 널려 있었습니다. 하나님은 육신을 가진 인간을 위해 에덴 동산에 먹기에 좋은 나무를 두셨으며, 영혼을 가진 인간을 위해 각양의 보석들로 아름답게 하셨습니다.

그런데 하나님께서는 "동산 각종 나무의 열매는 네가 임의로 먹되 선악을 알게 하는 나무의 열매는 먹지 말라. 네가 먹는 날에는 반드시 죽으리라."고 말씀하셨습니다(16,17). 이 명령은 하나님의 인간에 대한 절대적인 주권을 일깨워 주시는 말씀이요, 하나님과 피조물 사이에 영적인 질서를 세우시는 말씀입니다. 하나님의 주권과 영적인 질서를 무시할 때 사람은 죄에 빠지게 되고 에덴의 행복은 유지될 수 없습니다. '선악을 알게하는 나무의 열매는 먹지 말라'는 말씀은 영혼을 가진 인간의 자유와 행복을 지켜주는 계명(誡命)입니다.

기도 주님! 제가 주님의 거룩한 말씀에 순종하고 살므로써 에덴의 행복을 누리도록 도와주십시오.

한마디 "에덴의 행복은 하나님의 말씀을 지키는 데 있다."

Note

4 이것이 천지가 창조될 때에 하늘과 땅의 내력이니 여호와 하나님이 땅과 하늘을 만드시던 날에
5 여호와 하나님이 땅에 비를 내리지 아니하셨고 땅을 갈 사람도 없었으므로 들에는 초목이 아직
없었고 밭에는 채소가 나지 아니하였으며
6 안개만 땅에서 올라와 온 지면을 적셨더라.
7 여호와 하나님이 땅의 흙으로 사람을 지으시고 생기를 그 코에 불어넣으시니 사람이 생령이 되니라.
8 여호와 하나님이 동방의 에덴에 동산을 창설하시고 그 지으신 사람을 거기 두시니라.
9 여호와 하나님이 그 땅에서 보기에 아름답고 먹기에 좋은 나무가 나게 하시니 동산 가운데에는 생명
나무와 선악을 알게 하는 나무도 있더라.
10 강이 에덴에서 흘러 나와 동산을 적시고 거기서부터 갈라져 네 근원이 되었으니
11 첫째의 이름은 비손이라. 금이 있는 하윌라 온 땅을 둘렀으며
12 그 땅의 금은 순금이요. 그 곳에는 베델리엄과 호마노도 있으며
13 둘째 강의 이름은 기혼이라. 구스 온 땅을 둘렀고
14 셋째 강의 이름은 힛데겔이라. 앗수르 동쪽으로 흘렀으며 넷째 강은 유브라데더라.
15 여호와 하나님이 그 사람을 이끌어 에덴 동산에 두어 그것을 경작하며 지키게 하시고
16 여호와 하나님이 그 사람에게 명하여 이르시되 동산 각종 나무의 열매는 네가 임의로 먹되
17 선악을 알게 하는 나무의 열매는 먹지 말라. 네가 먹는 날에는 반드시 죽으리라 하시니라.
18 여호와 하나님이 이르시되 "사람이 혼자 사는 것이 좋지 아니하니 내가 그를 위하여 돕는 배필을
지으리라." 하시니라
19 여호와 하나님이 흙으로 각종 들짐승과 공중의 각종 새를 지으시고 아담이 무엇이라고 부르나 보시려
고 그것들을 그에게로 이끌어 가시니 아담이 각 생물을 부르는 것이 곧 그 이름이 되었더라.
20 아담이 모든 가축과 공중의 새와 들의 모든 짐승에게 이름을 주니라. 아담이 돕는 배필이 없으므로
21 여호와 하나님이 아담을 깊이 잠들게 하시니 잠들매 그가 그 갈빗대 하나를 취하고 살로 대신 채우시고
22 여호와 하나님이 아담에게서 취하신 그 갈빗대로 여자를 만드시고 그를 아담에게로 이끌어 오시니
23 아담이 이르되 "이는 내 뼈 중의 뼈요 살 중의 살이라 이것을 남자에게서 취하였은즉 여자라
부르리라." 하니라
24 이러므로 남자가 부모를 떠나 그의 아내와 합하여 둘이 한 몸을 이룰지로다.
25 아담과 그의 아내 두 사람이 벌거벗었으나 부끄러워하지 아니하니라.

07

아담아, 네가 어디 있느냐

창세기 3:1-11

요절 "여호와 하나님이 아담을 부르시며 그에게 이르시되 네가 어디 있느냐?"(9)

여자가 에덴에 있을 때 뱀으로 변장한 사단(계 12:9)이 다가와 하나님이 참으로 사람을 사랑한다면 에덴의 모든 열매를 먹게 해야 할 것이 아닌가 하면서 하나님의 사랑을 의심하도록 유혹했습니다(1). 또 하나님의 계명을 버리면 도리어 눈이 밝아 하나님과 같이 된다고 거짓말을 했습니다(5). 여자는 이 유혹에 넘어가 선악과를 따먹고 남편에게도 주어 먹게 했습니다(6).

그러나 과연 사람이 하나님과 같이 되었습니까? 사단의 말대로 눈은 밝아졌지만 그들은 그 눈으로 수치스럽게 변한 자신들의 모습을 보아야 했습니다. 뿐만 아니라 그들은 하나님의 말씀을 범하고 나서는 두려워서 하나님의 낯을 피해 숨었습니다. 그들에게는 이제 하나님이 두렵고 부담스런 존재가 되어버렸습니다. 그들의 영혼에 더 이상 하나님이 계실 수 없었고, 하나님이 그들에게 주신 행복이 있을 수 없었습니다. 사람이 하나님의 말씀을 범함으로써 하나님과의 관계가 단절 되었는데, 이를 성경에서는 '죄'라고 합니다. 사람은 죄 때문에 행복을 잃어버렸습니다.

사람이 하나님의 낯을 피하여 나무 뒤에 숨어 있다고 해서 하나님을 피할 수는 없습니다. 하나님은 "아담아, 네가 어디 있느냐?" 하시면서 아담을 찾아오셔서(9), 그의 죄를 추궁하셨습니다(11). 인간은 결코 하나님의 낯을 피할 수 없습니다. 하나님이 찾으실 때 그에게 나아가는 것만이 살길입니다.

기도 주님! 제가 어찌 하나님의 낯을 피할 수 있겠습니까?
제가 수치스럽고 두렵지만 생명을 얻고자 주님께 나갑니다.

한마디 "제가 여기 있습니다."

Note

1 그런데 뱀은 여호와 하나님이 지으신 들짐승 중에 가장 간교하니라. 뱀이 여자에게 물어 이르되 "하나님이 참으로 너희에게 동산 모든 나무의 열매를 먹지 말라 하시더냐?"
2 여자가 뱀에게 말하되 "동산 나무의 열매를 우리가 먹을 수 있으나
3 동산 중앙에 있는 나무의 열매는 하나님의 말씀에 너희는 먹지도 말고 만지지도 말라 너희가 죽을까 하노라." 하셨느니라
4 뱀이 여자에게 이르되 "너희가 결코 죽지 아니하리라."
5 너희가 그것을 먹는 날에는 너희 눈이 밝아져 하나님과 같이 되어 선악을 알 줄 하나님이 아심이니라.
6 여자가 그 나무를 본즉 먹음직도 하고 보암직도 하고 지혜롭게 할 만큼 탐스럽기도 한 나무인지라 여자가 그 열매를 따먹고 자기와 함께 있는 남편에게도 주매 그도 먹은지라.
7 이에 그들의 눈이 밝아져 자기들이 벗은 줄을 알고 무화과나무 잎을 엮어 치마로 삼았더라.
8 그들이 그 날 바람이 불 때 동산에 거니시는 여호와 하나님의 소리를 듣고 아담과 그의 아내가 여호와 하나님의 낯을 피하여 동산 나무 사이에 숨은지라.
9 여호와 하나님이 아담을 부르시며 그에게 이르시되 "네가 어디 있느냐?"
10 이르되 "내가 동산에서 하나님의 소리를 듣고 내가 벗었으므로 두려워하여 숨었나이다."
11 이르시되 "누가 너의 벗었음을 네게 알렸느냐? 내가 네게 먹지 말라 명한 그 나무 열매를 네가 먹었느냐?"

08 그 크신 하나님의 사랑

창세기 3:14-24

요절 "여자의 후손은 네 머리를 상하게 할 것이요…"(15)

하나님의 추궁에도 불구하고 그들은 핑계만 대었습니다(12,13). 하나님은 이들에게 저주를 내리셨습니다. 뱀은 배로 다니고 평생 흙을 먹어야 했으며, 마지막에는 여자의 후손에 의해 머리를 상하게 되며, 뱀은 여자의 후손의 발꿈치를 상하게 합니다(15).

그런데 이 말씀에는 인간들을 구원하시려는 하나님의 계획이 어렴풋하게 나타나 있습니다. 여기서 '여자의 후손'은 예수 그리스도를 가리킵니다. 예수님은 여자의 후손인 마리아를 통해 나셨으며(갈 4:4), 십자가에 죽으심으로써 그의 '발꿈치'를 상하셨습니다. 그러나 예수님은 사흘 만에 부활하심으로써 사단의 머리를 상하게 하사 죄의 권세를 멸하셨습니다(히 2:14,15). 하나님은 죄를 미워하셔서 벌을 내리시지만, 동시에 죄인을 사랑하사 그를 구원하고자 하십니다. 하나님은 거룩하신 분이요 또 사랑이 충만하신 분이십니다.

하나님께서 여자에게는 임신하는 고통을 크게 더하셨습니다. 또 남편을 사모하고 그의 다스림을 받게 하셨습니다(16). 뿐만 아니라 아담은 평생동안 수고해야 먹고살게 되었으며, 마지막에는 흙으로 돌아가야 했습니다(19). 죄로 말미암아 사람은 평생 고생하다가 끝내는 죽어야 할 운명에 처해지게 되었습니다. 그러나 하나님은 아담과 그 아내를 위해 가죽옷을 지어 입혀주십니다(21). 가죽옷은 그리스도를 상징합니다. 하나님은 그리스도의 희생을 통해 인간의 죄를 덮어주셨습니다. 하나님의 사랑이 참으로 큽니다.

기도 주님! 죄를 미워하시지만 죄인을 사랑하시는
주님의 거룩하신 사랑을 깨닫고 감사 찬송 드립니다.

한마디 "하나님의 거룩하신 사랑"

Note

14 여호와 하나님이 뱀에게 이르시되 "네가 이렇게 하였으니 네가 모든 가축과 들의 모든 짐승보다 더욱
저주를 받아 배로 다니고 살아 있는 동안 흙을 먹을지니라."
15 "내가 너로 여자와 원수가 되게 하고 네 후손도 여자의 후손과 원수가 되게 하리니 여자의 후손은
네 머리를 상하게 할 것이요. 너는 그의 발꿈치를 상하게 할 것이니라." 하시고
16 또 여자에게 이르시되 "내가 네게 임신하는 고통을 크게 더하리니 네가 수고하고 자식을 낳을 것이며
너는 남편을 원하고 남편은 너를 다스릴 것이니라." 하시고
17 아담에게 이르시되 "네가 네 아내의 말을 듣고 내가 네게 먹지 말라 한 나무의 열매를 먹었은즉 땅은
너로 말미암아 저주를 받고 너는 네 평생에 수고하여야 그 소산을 먹으리라.
18 땅이 네게 가시덤불과 엉겅퀴를 낼 것이라 네가 먹을 것은 밭의 채소인즉,
19 네가 흙으로 돌아갈 때까지 얼굴에 땀을 흘려야 먹을 것을 먹으리니 네가 그것에서 취함을 입었음
이라. 너는 흙이니 흙으로 돌아갈 것이니라." 하시니라.
20 아담이 그의 아내의 이름을 하와라 불렀으니 그는 모든 산 자의 어머니가 됨이더라.
21 여호와 하나님이 아담과 그의 아내를 위하여 가죽옷을 지어 입히시니라.
22 여호와 하나님이 이르시되 "보라 이 사람이 선악을 아는 일에 우리 중 하나 같이 되었으니 그가
그의 손을 들어 생명 나무 열매도 따먹고 영생할까 하노라." 하시고
23 여호와 하나님이 에덴 동산에서 그를 내보내어 그의 근원이 된 땅을 갈게 하시니라.
24 이같이 하나님이 그 사람을 쫓아내시고 에덴 동산동쪽에 그룹들과 두루 도는 불 칼을 두어 생명
나무의 길을 지키게 하시니라.

제 9 일 – 제 17 일

구 원

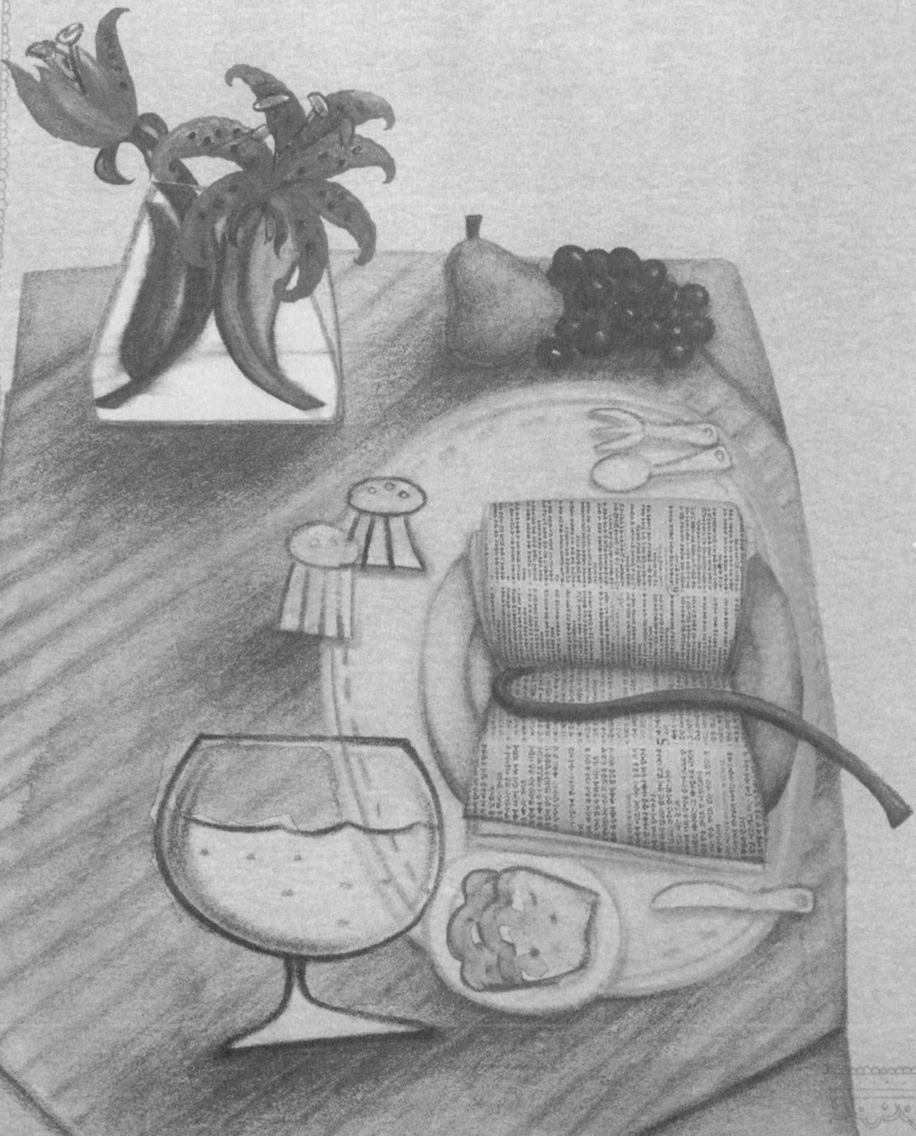

09 예수님의 탄생 – 큰 기쁨의 좋은 소식

누가복음 2:1–14

요절 "보라,… 큰 기쁨의좋은소식을 너희에게 전하노라."(눅 2:10)

로마 황제 가이사가 천하로 다 호적하라는 명령을 내렸습니다. 만삭이 된 마리아와 그의 남편 다윗도 본적지인 베들레헴으로 가야 했는데, 거기서 예수님이 탄생하셨습니다. 그러나 여관을 구할 수가 없었기 때문에 맏아들을 포대기에 싸서 구유에 뉘어 놓을 수밖에 없었습니다(7). 예수님은 로마 황제의 권세에 밀려 베들레헴의 천한 구유에 탄생하신 것처럼 보입니다. 그러나 그것은 그리스도가 베들레헴에서 태어나리라는 약속의 말씀이 성취된 일이었습니다(미 5:2). 권세가들이 역사를 주관하는 것처럼 보이지만 실은 하나님이 주관하십니다. 그리고 예수님은 하나님께서 미리 약속하셨던 바로 그 그리스도이십니다.

천사들은 밤에 충성스럽게 양들을 지키고 있던 목자들에게 그리스도 탄생의 소식을 전해 주었습니다. "보라, 내가 온 백성에게 미칠 큰 기쁨의 좋은 소식을 너희에게 전하노라. 오늘 다윗의 동네에 너희를 위하여 구주가 나셨으니 곧 그리스도 주시니라."(10,11)

사람은 죄로 인해 사는 날 동안에는 피곤하고 타락한 삶을 살다가 결국 죽어야 합니다. 또 그 다음에는 하나님의 형벌을 받습니다(히 9:27). 참으로 비참하고 슬픈 소식입니다. 그러나 그리스도 예수님이 탄생하셨습니다. 예수님은 모든 백성을 다 구원할 구주이십니다. 우리가 이 예수님을 영접할 때 죄와 심판에서 구원을 얻습니다. 예수님이 주가 되셔서 우리를 다스리실 때, 우리 마음에는 사랑과 평화가 임합니다. 정말 큰 기쁨의 좋은 소식입니다.

기도 주님! 약속하신 대로 그리스도를 보내주시니 감사합니다.
예수님을 나의 구주로 영접합니다. 이 죄인에게 큰 기쁨을 주십시오.

한마디 "큰 기쁨의 좋은 소식"

Note

1 그 때에 가이사아구스도가 영을 내려 천하로 다 호적하라 하였으니
2 이 호적은 구레뇨가 수리아총독이 되었을 때에 처음 한 것이라.
3 모든 사람이 호적하러 각각 고향으로 돌아가매
4 요셉도 다윗의 집 족속이므로 갈릴리나사렛 동네에서 유대를 향하여 베들레헴이라 하는 다윗의
동네로
5 그 약혼한 마리아와 함께 호적하러 올라가니 마리아가 이미 잉태하였더라.
6 거기 있을 그 때에 해산할 날이 차서
7 첫아들을 낳아 강보로 싸서 구유에 뉘었으니 이는 여관에 있을 곳이 없음이러라.
8 그 지역에 목자들이 밤에 밖에서 자기 양 떼를 지키더니
9 주의 사자가 곁에 서고 주의 영광이 그들을 두루 비추매 크게 무서워하는지라.
10 천사가 이르되 "무서워하지 말라. 보라 내가 온 백성에게 미칠 큰 기쁨의 좋은 소식을 너희에게
전하노라.
11 오늘 다윗의 동네에 너희를 위하여 구주가 나셨으니 곧 그리스도 주시니라.
12 너희가 가서 강보에 싸여 구유에 뉘어 있는 아기를 보리니 이것이 너희에게 표적이니라." 하더니
13 홀연히 수많은 천군이 그 천사들과 함께 하나님을 찬송하여 이르되
14 "지극히 높은 곳에서는 하나님께 영광이요, 땅에서는 하나님이 기뻐하신 사람들 중에 평화로다."
하니라.

10 회개하고 복음을 믿어라

마가복음 1:14-20

요절 "때가 찼고 하나님의 나라가 가까이 왔으니 회개하고 복음을 믿으라."(15)

예수님께서 복음 역사를 시작한 때는 불의하고 어두운 시대였습니다. 예를 들어서 당시 분봉왕인 헤롯은 자기 동생의 아내를 빼앗아 자기 아내로 삼았습니다. 그리고 이를 책망한 세례 요한을 옥에 가두었습니다. 이런 시대에 예수님은 '하나님의 복음'을 전파하셨습니다. "때가 찼고 하나님의 나라가 가까이 왔으니 회개하고 복음을 믿으라."(15)

하나님은 때가 되자 약속된 그리스도 예수님을 세상에 보내셨습니다. 죄로 가득 찬 세상에는 정의와 평화가 없고, 사랑과 행복이 없습니다. 그러나 예수님은 하나님의 나라를 이루기 위해서 오셨습니다. 우리가 회개하고 복음을 믿으면 우리의 마음에 하나님의 나라가 임합니다. 우리 마음에 하나님의 나라가 임하면 사랑과 행복이 임하고, 세상에는 정의가 서고 평화가 이루어집니다. 우리가 회개하고 복음을 믿어야 하겠습니다.

예수님은 복음을 전파하시면서 네 명의 어부들을 제자로 부르셨습니다. 예수님은 사람을 불러서 하나님이 쓰실만한 사람들로 기르심으로써 그의 복음 역사를 시작하셨습니다. 이들은 고기를 잡아 살아가는 생활인들이었습니다. 그런데 예수님은 이들이 '사람을 낚는 어부'가 되리라고 말씀하십니다(17). 생활인의 삶을 살던 그들이 예수님을 따름으로써 사명인의 삶을 살게 되었습니다. 이것이 진정한 회개입니다.

기도 주님! 제가 죄악된 시대에 물들었습니다. 이제 회개하고
복음을 영접하며 주님을 따르겠습니다. 도와주십시오.

한마디 "회개하고 복음을 믿자."

Note

14 요한이 잡힌 후 예수께서 갈릴리에 오셔서 하나님의 복음을 전파하여
15 이르시되 "때가 찼고 하나님의 나라가 가까이 왔으니 회개하고 복음을 믿으라 하시더라."
16 갈릴리 해변으로 지나가시다가 시몬과 그 형제 안드레가 바다에 그물 던지는 것을 보시니 그들은
어부라.
17 예수께서 이르시되 "나를 따라오라. 내가 너희로 사람을 낚는 어부가 되게 하리라." 하시니
18 곧 그물을 버려 두고 따르니라.
19 조금 더 가시다가 세베대의 아들 야고보와 그 형제 요한을 보시니 그들도 배에 있어 그물을 깁는데
20 곧 부르시니 그 아버지 세베대를 품꾼들과 함께 배에 버려 두고 예수를 따라가니라.

11 나병환자를 깨끗하게 하신 예수님

마가복음 1:40–45

요절 "이르시되 내가 원하노니 깨끗함을 받으라."(41)

1. 예수님께 꿇어 엎드린 나병환자(40)

한 나병환자가 예수님께 꿇어 엎드리어 깨끗하게 해주시기를 간구했습니다. 나병은 온 몸이 썩어 문드러지는 무서운 병입니다. 사람들은 나병을 죄로 인한 하나님의 저주로 여겼습니다. 나병환자는 사람들과 격리되어 계곡 같은 데서 고독과 절망, 수치심과 죄의식에 시달리며 살아야 했습니다. 그러나 이 나병환자는 그 추한 모습 그대로 예수님에게 나왔습니다. 그가 이렇게 할 수 있었던 것은 예수님의 사랑과 그의 능력을 믿었기 때문입니다.

2. 손을 대어 고쳐주신 예수님(41–45)

예수님은 나병환자를 보시고 불쌍히 여기셨습니다. 예수님은 나병환자의 고통과 외로움과 슬픔을 아셨고 마음 아파하셨습니다. 그래서 예수님은 나병으로 문드러진 그의 몸에 손을 대시며 "내가 원하노니 깨끗함을 받으라." 고 말씀하셨습니다. 그러자 곧 나병이 떠나고 깨끗해졌습니다.

나병처럼 죄는 사람을 더럽고 고통스럽게 합니다. 죄 가운데 살 때 사람은 하나님의 고귀한 형상을 잃어버리고 생각이 병들고 삶이 더러워집니다. 또 남몰래 지은 죄를 안고 살면서 고독으로 뼈를 썩히고, 그런 자신으로 고통스러워하고 절망하며 삽니다. 그러나 예수님은 우리가 깨끗해지기를 원하십니다. 우리가 예수님의 긍휼을 구하며 그에게 나가면, 예수님은 더러워진 우리 영혼에 손을 대셔서 깨끗하게 해주십니다.

기도 주님! 제가 나병환자와 같이 추한 죄인입니다. 이 시간 용기를 내어 나의 죄를 들고 주님께 나가오니 저를 깨끗하게 해 주십시오.

한마디 "깨끗함을 받으라."

Note

40 한 나병환자가 예수께 와서 꿇어 엎드려 간구하여 이르되 "원하시면 저를 깨끗하게 하실 수
있나이다."
41 예수께서 불쌍히 여기사 손을 내밀어 그에게 대시며 이르시되 "내가 원하노니 깨끗함을 받으라."
하시니
42 곧 나병이 그 사람에게서 떠나가고 깨끗하여진지라.
43 곧 보내시며 엄히 경고하사
44 이르시되 "삼가 아무에게 아무 말도 하지 말고 가서 네 몸을 제사장에게 보이고 네가 깨끗하게
되었으니 모세가 명한 것을 드려 그들에게 입증하라." 하셨더라
45 그러나 그 사람이 나가서 이 일을 많이 전파하여 널리 퍼지게 하니 그러므로 예수께서 다시는
드러나게 동네에 들어가지 못하시고 오직 바깥 한적한 곳에 계셨으나 사방에서 사람들이 그에게로 나
아오더라.

12 중풍병자를 일으키신 예수님

마가복음 2:1–12

요절 "작은 자야 네 죄 사함을 받았느니라."(5)

예수님께서 말씀을 가르치실 때 사람들이 한 중풍병자를 메고 왔으나, 사람이 너무 많아 예수님께 데려갈 수 없었습니다. 그러나 그들은 포기하지 않았습니다. 지붕을 뜯고 그 구멍으로 병자를 예수님 계시는 곳에 달아 내렸습니다.

그들은 어떤 병자라도 예수님에게 나가기만 하면 낫게 될 것을 믿었습니다. 예수님은 남의 집 지붕을 뜯는 그들의 거친 행동 보다 그들의 믿음을 보셨습니다. 그들의 믿음을 보시고 중풍병자에게 말씀하셨습니다. "작은 자야, 네 죄 사함을 받았느니라."(5)

서기관들은 이런 예수님의 말씀을 듣고는 "하나님만이 죄를 사하실 권세가 있는데 어찌 자기가 '죄 사함을 받았느니라'고 말한단 말인가? 하나님을 모독하는 말 아닌가?" 하고 비난했습니다. 이에 예수님은 자신이 죄를 사할 권세가 있으신 하나님이심을 알게 하시려고 중풍병자에게 말씀하셨습니다. "일어나 네 상을 가지고 집으로 가라." 그러자 꼼짝 못하고 누워있던 그가 일어나서 깔고 누워있던 자리를 들고 일어나 걸어갔습니다.

예수님은 중풍병을 고쳐주기 전에 먼저 그의 죄를 사해주셨습니다. 중풍병이 아니라 죄가 사람을 꼼짝 못하고 누워있게 만듭니다. 사람이 무기력하고 쓸모없게 되는 것은 환경이나 조건 때문이 아니라 죄 때문입니다. 죄가 인간의 근본적인 문제입니다. 겉에 보이는 중풍병을 고치기 전에 먼저 죄 사함을 받아야합니다.

기도 주님! 제가 이제 모든 죄를 사함 받고 무기력한 삶에서 일어나 힘찬 인생을 살겠습니다. 도와주십시오.

한마디 "죄 사함이 먼저다."

Note

1 수 일 후에 예수께서 다시 가버나움에 들어가시니 집에 계시다는 소문이 들린지라.
2 많은 사람이 모여서 문 앞까지도 들어설 자리가 없게 되었는데 예수께서 그들에게 도를 말씀하시더니
3 사람들이 한 중풍병자를 네 사람에게 메워 가지고 예수께로 올새
4 무리들 때문에 예수께 데려갈 수 없으므로 그 계신 곳의 지붕을 뜯어 구멍을 내고 중풍병자가 누운 상을 달아 내리니
5 예수께서 그들의 믿음을 보시고 중풍병자에게 이르시되 "작은 자야 네 죄 사함을 받았느니라." 하시니
6 어떤 서기관들이 거기 앉아서 마음에 생각하기를
7 '이 사람이 어찌 이렇게 말하는가? 신성 모독이로다. 오직 하나님 한 분 외에는 누가 능히 죄를 사하겠느냐?'
8 그들이 속으로 이렇게 생각하는 줄을 예수께서 곧 중심에 아시고 이르시되 "어찌하여 이것을 마음에 생각하느냐?
9 중풍병자에게 '네 죄 사함을 받았느니라.' 하는 말과 '일어나 네 상을 가지고 걸어가라.' 하는 말 중에서 어느 것이 쉽겠느냐?
10 그러나 인자가 땅에서 죄를 사하는 권세가 있는 줄을 너희로 알게 하려 하노라." 하시고 중풍병자에게 말씀하시되
11 "내가 네게 이르노니 일어나 네 상을 가지고 집으로 가라." 하시니
12 그가 일어나 곧 상을 가지고 모든 사람 앞에서 나가거늘 그들이 다 놀라 하나님께 영광을 돌리며 이르되 "우리가 이런 일을 도무지 보지 못하였다." 하더라.

13 죄인을 부르러 오신 예수님

마가복음 2:13-17

요절 "나는 의인을 부르러 온 것이 아니요 죄인을 부르러 왔노라."(17)

예수님께서 지나가시다가 세관에 앉아 있는 레위를 보셨습니다. 당시 세리들은 로마 당국이 책정한 세금을 자기 돈으로 먼저 내놓고, 로마의 비호 아래 그 보다 더 많은 돈을 이스라엘 백성들에게서 뜯어냈습니다. 그래서 사람들은 그들을 창기와 함께 가장 더러운 죄인들로 취급했고, 성전 예배에도 나오지 못하게 했습니다.

그러나 예수님은 세리 레위에게 "나를 따르라"며 그를 부르셨습니다. 예수님은 돈을 좇아 살아온 그의 삶이 얼마나 피곤한지 잘 아셨습니다. 이기적인 삶을 살며 겪은 외로움과 두려움과 아픔을 아셨습니다. 사람들은 모두 그를 죄인으로만 보았지만 예수님은 그를 제자로 부르시고 감당해 주셨습니다. 후에 그는 성 마태가 되었습니다.

레위는 예수님을 위해 큰 잔치를 베풀었습니다. 예수님은 기꺼이 그 잔치에 참석하여 레위가 초청한 세리들과 죄인들의 친구가 되셨습니다. 이를 비난하는 자들에게 예수님은 말씀하셨습니다. "건강한 자에게는 의사가 쓸 데 없고, 병든 자에게라야 쓸 데 있느니라. 나는 의인을 부르러 온 것이 아니요, 죄인을 부르러 왔노라."(17)

예수님은 세리와 죄인들을 나쁜 사람이 아니라 병든 사람들로 보셨고 그들을 치료하는 의사가 되고자 하셨습니다. 예수님에게 나오면 죄로 말미암아 병든 영혼이 치료되고 건강한 삶을 살게 됩니다.

기도 주님! 욕심과 이기심으로 병든 죄인을 부르러 오셔서 감사합니다.
제가 이제 주님을 따르겠습니다.

한마디 "죄인의 친구되신 예수님"

Note

13 예수께서 다시 바닷가에 나가시매 큰 무리가 나왔거늘 예수께서 그들을 가르치시니라.
14 또 지나가시다가 알패오의 아들 레위가 세관에 앉아 있는 것을 보시고 그에게 이르시되 나를 따르라 하시니 일어나 따르니라.
15 그의 집에 앉아 잡수실 때에 많은 세리와 죄인들이 예수와 그의 제자들과 함께 앉았으니 이는 그러한 사람들이 많이 있어서 예수를 따름이러라.
16 바리새인의 서기관들이 예수께서 죄인 및 세리들과 함께 잡수시는 것을 보고 그의 제자들에게 이르되 "어찌하여 세리 및 죄인들과 함께 먹는가?"
17 예수께서 들으시고 그들에게 이르시되 "건강한 자에게는 의사가 쓸 데 없고 병든 자에게라야 쓸 데 있느니라. 나는 의인을 부르러 온 것이 아니요 죄인을 부르러 왔노라." 하시니라

14

영생의 샘물

요한복음 4:1-14

요절 "…그 속에서 영생하도록 솟아나는 샘물이 되리라."(14)

유대에서 갈릴리로 가시던 예수님이 야곱의 우물곁에 도착하신 때는 뜨거운 중동의 햇볕이 작열하는 정오였습니다. 예수님은 행로에 곤하여 우물곁에 그대로 주저앉으셨습니다. 이때 한 여인이 물 길러 왔습니다. 이 여인은 다섯 남편을 전전한 여인이었습니다(18). 사람들은 그녀를 더러운 죄인 취급했고, 그녀는 홀로 물 길러 올 수밖에 없었습니다. 그러나 예수님은 그녀에게 "물을 좀 달라."고 말씀하시며 대화의 문을 여셨습니다.

그런데 이 여인과 대화하기가 쉽지 않았습니다. 여인은 예수님을 이상한 사람으로 여기고 경계했습니다(9). 또 예수님이 '하나님의 선물'을 주겠다고 하자 예수님을 야곱과 비교하며 조롱했습니다(11,12). 그러나 예수님은 그 모든 것을 참으시며 여인을 영생의 샘물로 초대했습니다. "이 물을 마시는 자마다 다시 목마르려니와 내가 주는 물을 마시는 자는 영원히 목마르지 아니하리니, 내가 주는 물은 그 속에서 영생하도록 솟아나는 샘물이 되리라."(13,14)

야곱의 물, 곧 세상적이고 육신적인 물은 마시면 마실수록 목마릅니다. 마시는 순간에는 만족을 주는 것 같지만, 그 순간이 지나면 사람을 더욱 목마르게 합니다. 그래서 사람을 더욱 세상적이고 육신적으로 만들어 버립니다. 사람에게는 영원한 것을 사모하는 마음이 있습니다(전 3:11). 영원한 것만이 사람을 진정으로 만족하게 합니다. 예수님만이 사람에게 영원하고 진정한 만족을 주실 수 있습니다.

기도 주님! 제가 순간적인 만족을 주는 육신의 물만을 마시다가 이제는 지쳤습니다. 제가 영생의 샘물을 마시기 원합니다.

한마디 "영생하도록 솟아나는 샘물"

Note

1 예수께서 제자를 삼고 세례를 베푸시는 것이 요한보다 많다 하는 말을 바리새인들이 들은 줄을 주께서 아신지라.
2 (예수께서 친히 세례를 베푸신 것이 아니요, 제자들이 베푼 것이라.)
3 유대를 떠나사 다시 갈릴리로 가실새
4 사마리아를 통과하여야 하겠는지라.
5 사마리아에 있는 수가라 하는 동네에 이르시니 야곱이 그 아들 요셉에게 준 땅이 가깝고
6 거기 또 야곱의 우물이 있더라. 예수께서 길 가시다가 피곤하여 우물 곁에 그대로 앉으시니 때가 여섯 시쯤 되었더라.
7 사마리아여자 한 사람이 물을 길으러 왔으매 예수께서 "물을 좀 달라." 하시니
8 이는 제자들이 먹을 것을 사러 그 동네에 들어갔음이러라.
9 사마리아여자가 이르되 "당신은 유대인으로서 어찌하여 사마리아여자인 나에게 물을 달라 하나이까?" 하니 이는 유대인이 사마리아인과 상종하지 아니함이러라.
10 예수께서 대답하여 이르시되 "네가 만일 하나님의 선물과 또 네게 물 좀 달라 하는 이가 누구인 줄 알았더라면 네가 그에게 구하였을 것이요 그가 생수를 네게 주었으리라."
11 여자가 이르되 "주여 물 길을 그릇도 없고 이 우물은 깊은데 어디서 당신이 그 생수를 얻겠사옵나이까?
12 우리 조상 야곱이 이 우물을 우리에게 주셨고 또 여기서 자기와 자기 아들들과 짐승이 다 마셨는데 당신이 야곱보다 더 크니이까."
13 예수께서 대답하여 이르시되 "이 물을 마시는 자마다 다시 목마르려니와
14 내가 주는 물을 마시는 자는 영원히 목마르지 아니하리니 내가 주는 물은 그 속에서 영생하도록 솟아나는 샘물이 되리라."

15 내가 그라

요한복음 4:15-26

요절 "예수께서 이르시되 네게 말하는 내가 그라 하시니라."(26)

사마리아 여자는 예수님과의 대화를 통해 자신에게 영생의 샘물이 필요하다는 것을 깨달았고, 그런 물을 달라고 간청했습니다(15). 그러나 예수님은 뜻밖에도 "가서 네 남편을 불러 오라."고 명령하십니다. 여인은 지금까지 남편을 다섯이나 전전했지만 그 어느 남편에게서도 만족을 얻을 수 없었고, 결과적으로 죄 많은 여자가 되었습니다. 여인은 수치스럽고 죄악된 과거를 묻어두고 싶었을 것입니다. 그러나 그가 과거의 죄를 드러내고 회개하지 않고는 영생의 샘물을 마실 수 없습니다.

여인은 예수님이 자신의 과거를 다 알고 계시자 예수님을 선지자로 생각하며 예배에 대해서 물었습니다. 뭇 남자들을 좇아 살던 그녀가 이제 하나님을 예배하고자 하는 영적인 소원을 갖게 되었습니다. 그녀에게 예수님은 예배란 영과 진리로 드려야하며, 하나님은 그가 과거에 어떤 사람이었건 이렇게 예배하는 사람들을 찾으신다는 것을 가르쳐 주셨습니다(23).

그러자 여인에게 죄인들을 구원하기 위해 오신다 하신 그리스도를 사모하는 마음이 생겼습니다. 이때 예수님이 말씀하셨습니다. "내가 그라." 여인은 물동이를 버려두고 동네에 뛰어들어가며 외쳤습니다. "와서 보라! 이는 그리스도가 아니냐!"(29) 여인에게는 이제 물동이가 필요 없습니다. 그리스도 예수님이 그의 영원한 샘물이 되셨기 때문입니다.

기도 주님! 당신은 그리스도시요 영생의 샘물이십니다.
제가 과거의 죄들을 들고 주님께 나갑니다. 저를 받아주십시오.

한마디 "내가 그라."

Note

15 여자가 이르되 "주여, 그런 물을 내게 주사 목마르지도 않고 또 여기 물 길으러 오지도 않게 하옵소서."
16 이르시되 "가서 네 남편을 불러 오라."
17 여자가 대답하여 이르되 "나는 남편이 없나이다." 예수께서 이르시되 네가 남편이 없다 하는
말이 옳도다.
18 너에게 남편 다섯이 있었고 지금 있는 자도 네 남편이 아니니 네 말이 참되도다."
19 여자가 이르되 "주여 내가 보니 선지자로소이다.
20 우리 조상들은 이 산에서 예배하였는데 당신들의 말은 예배할 곳이 예루살렘에 있다 하더이다."
21 예수께서 이르시되 "여자여, 내 말을 믿으라. 이 산에서도 말고 예루살렘에서도 말고 너희가
아버지께 예배할 때가 이르리라.
22 너희는 알지 못하는 것을 예배하고 우리는 아는 것을 예배하노니 이는 구원이 유대인에게서 남이라.
23 아버지께 참되게 예배하는 자들은 영과 진리로 예배할 때가 오나니 곧 이 때라. 아버지께서는
자기에게 이렇게 예배하는 자들을 찾으시느니라.
24 하나님은 영이시니 예배하는 자가 영과 진리로 예배할지니라."
25 여자가 이르되 "메시야 곧 그리스도라 하는 이가 오실 줄을 내가 아노니 그가 오시면 모든 것을
우리에게 알려 주시리이다."
26 예수께서 이르시되 "네게 말하는 내가 그라 하시니라."

16 일어나 걸어가라

요한복음 5:1-9

요절 "예수께서 이르시되 일어나 네 자리를 들고 걸어가라 하시니…"(8)

예수님께서 베데스다 못가에 오셨습니다. 거기에는 천사가 가끔 내려와 물을 움직이게 하는데, 그때 맨 먼저 뛰어들어가는 사람은 어떤 병에 걸렸든지 낫게 된다는 말이 퍼져있었습니다. 그래서 많은 병자들이 거기 모여 가끔, 그것도 한 사람에게만 주어지는 막연한 행운을 기다리고 있었습니다.

그런데 거기에 38년이나 누워지낸 병자가 있었습니다. 그는 38년이나 누워 있었으니 낫고자 하는 희망도 없이 그저 죽지 못해 살고 있었을 것입니다. 그런데 예수님은 그에게 "네가 낫고자 하느냐?"고 물으셨습니다. 예수님은 그에게 낫고자 하는 희망과 나을 수 있다는 믿음을 갖도록 도와 주셨습니다.

그러나 병자의 입에서는 맨 먼저 물에 들어가는 한 사람만이 낫는 경쟁 사회와 도와주지 않는 몰인정한 사람들에 대한 원망과 불평만 쏟아져 나왔습니다(7). 그는 육신 뿐 아니라 마음과 영혼이 깊이 병들어 있었습니다. 예수님은 이런 그에게 말씀하셨습니다. "일어나 네 자리를 들고 걸어가라."

이 말씀을 듣고 병자는 더 이상 사람들의 도움을 바라거나 그들을 원망하지 않았습니다. 예수님의 말씀에 순종했습니다. 그럴 때 그는 38년 동안이나 누워있던 자리를 들고 일어나 새로운 삶을 향해 힘차게 걸어갈 수 있었습니다. 예수님의 말씀에 순종하면 누구나 패배의 자리에서 일어나 승리와 희망의 삶을 살 수 있습니다.

기도 주님! 제가 경쟁적인 세상에서 패배와 원망으로 깊이 병들었습니다.
제가 이제 주님의 말씀을 듣고 일어나 걸어가겠습니다.

한마디 "일어나 걸어가라!"

Note

1 그 후에 유대인의 명절이 되어 예수께서 예루살렘에 올라가시니라.
2 예루살렘에 있는 양문 곁에 히브리 말로 베데스다라 하는 못이 있는데 거기 행각 다섯이 있고
3 그 안에 많은 병자, 맹인, 다리 저는 사람, 혈기 마른 사람들이 누워 [물의 움직임을 기다리니
4 이는 천사가 가끔 못에 내려와 물을 움직이게 하는데 움직인 후에 먼저 들어가는 자는 어떤 병에 걸렸든지 낫게 됨이러라.]
5 거기 서른여덟 해 된 병자가 있더라.
6 예수께서 그 누운 것을 보시고 병이 벌써 오래된 줄 아시고 이르시되 "네가 낫고자 하느냐?"
7 병자가 대답하되 "주여 물이 움직일 때에 나를 못에 넣어 주는 사람이 없어 내가 가는 동안에 다른 사람이 먼저 내려가나이다."
8 예수께서 이르시되 "일어나 네 자리를 들고 걸어가라." 하시니
9 그 사람이 곧 나아서 자리를 들고 걸어가니라. 이 날은 안식일이니

17 정죄치 않으시는 예수님

요한복음 8:1-11

요절 "나도 너를 정죄하지 아니하노니 가서 다시는 죄를 범하지 말라."(11)

이른 아침 예수님은 성전에서 백성들에게 말씀을 가르치고 계셨습니다. 그런데 바리새인과 서기관들이 간음하다 현장에서 잡힌 여인을 끌고 와서 예수님에게 물었습니다. "모세는 율법에 이러한 여자를 돌로 치라 명하였거니와 선생은 어떻게 말하겠나이까?"(5) 예수님은 잠시 침묵하신 후 대답하셨습니다. "너희 중에 죄 없는 자가 먼저 돌로 치라."(7)

이 말씀을 들은 사람들은 어른으로 시작하여 젊은이까지 하나씩 하나씩 그 자리를 떠났습니다. 모두가 예수님의 말씀을 듣고 양심의 가책을 받았기 때문입니다(9). 사람은 누구에게나 양심이 있습니다. 그리고 양심에 비추어 볼 때 사람은 누구나 죄인입니다. 어느 누구도 다른 사람을 돌로 칠 수 없습니다.

예수님은 여인에게 말씀하셨습니다. "나도 너를 정죄하지 아니하노니 가서 다시는 죄를 범하지 말라."(11) 예수님이 이 여인을 용서하시는 것은 이 여인에게 죄가 없어서가 아닙니다. 간음은 죄악입니다. 간음은 사람과 사람 사이의 관계를 파괴하고, 도덕을 파탄시키고, 그 삶을 더럽게 만듭니다. 그러나 예수님이 이 여인을 용서하시는 것은 그가 당할 심판을 예수님이 대신해서 받으실 것이기 때문입니다. 예수님은 십자가에서 죽으심으로써 모든 사람들의 죄를 대속하셨습니다. 이를 믿는 사람은 용서를 받고 다시는 죄를 짓지 않는 새 삶을 시작할 수 있습니다.

기도 주님! 이 더러운 죄인을 용서해 주셔서 진심으로 감사합니다.
제가 어찌 다시 죄를 범하겠습니까?

한마디 "용서의 사랑"

Note

1 예수는 감람 산으로 가시니라.
2 아침에 다시 성전으로 들어오시니 백성이 다 나아오는지라. 앉으사 그들을 가르치시더니
3 서기관들과 바리새인들이 음행중에 잡힌 여자를 끌고 와서 가운데 세우고
4 예수께 말하되 "선생이여 이 여자가 간음하다가 현장에서 잡혔나이다.
5 모세는 율법에 이러한 여자를 돌로 치라 명하였거니와 선생은 어떻게 말하겠나이까?"
6 그들이 이렇게 말함은 고발할 조건을 얻고자 하여 예수를 시험함이러라. 예수께서 몸을 굽히사 손가락으로 땅에 쓰시니
7 그들이 묻기를 마지 아니하는지라. 이에 일어나 이르시되 "너희 중에 죄 없는 자가 먼저 돌로 치라." 하시고
8 다시 몸을 굽혀 손가락으로 땅에 쓰시니
9 그들이 이 말씀을 듣고 양심에 가책을 느껴 어른으로 시작하여 젊은이까지 하나씩 하나씩 나가고 오직 예수와 그 가운데 섰는 여자만 남았더라.
10 예수께서 일어나사 여자 외에 아무도 없는 것을 보시고 이르시되 "여자여 너를 고발하던 그들이 어디 있느냐 너를 정죄한 자가 없느냐?"
11 대답하되 "주여, 없나이다." 예수께서 이르시되 "나도 너를 정죄하지 아니하노니 가서 다시는 죄를 범하지 말라." 하시니라.

제 18 일 – 제 26 일

십자가와 부활

18 십자가의 아픔을 참으신 예수님

마가복음 15:16-32

요절 "때가 제 삼시가 되어 십자가에 못 박으니라."(25)

총독 빌라도는 예수님을 심문한 결과 아무런 죄가 없다는 것을 확인했습니다. 그러나 그는 백성들의 압력을 이기지 못했습니다. 백성들이 들고일어나면 치안이 어지럽게 되고, 그렇게 되면 출세에 지장이 생기기 때문입니다. 그는 결국 예수님을 채찍질하고 십자가에 못 박도록 내어 주었습니다.

군인들은 예수님을 총독 관저로 끌고 가 희롱했습니다. 그들은 예수님에게 자색 옷을 입히고, 머리에 가시관을 씌우고, 갈대로 머리를 치며 침을 뱉었습니다. 예수님은 그 모든 희롱을 고스란히 참으셨습니다.

십자가를 지고 사형장으로 끌려가시는 도중 예수님은 쓰러지고 또 쓰러지셨습니다. 이윽고 골고다 언덕에서 예수님은 두 강도와 함께 십자가에 못 박히셨습니다. 사람들은 죄수들에게 마지막 자비로써 몰약을 탄 포도주를 주어 고통을 덜어 주고자 했습니다. 그러나 예수님은 이를 받지 않고 그 모든 고통을 고스란히 다 받으셨습니다. 또 십자가 아래서는 많은 사람들이 예수님을 조롱하고 비방했는데, 예수님은 이것도 다 참으셨습니다(29-32).

예수님께서 왜 십자가의 수치와 고통을 다 참으셨습니까? "그가 찔림은 우리의 허물 때문이요, 그가 상함은 우리의 죄악 때문이라."(사 53:5) 예수님은 십자가의 고통을 참으심으로써 우리의 모든 죄와 그로 인한 형벌을 우리 대신 담당하셨습니다.

기도 주님! 죄인이 십자가에 달리신 주님을 바라봅니다.
그 험한 형벌을 담당하신 십자가의 은혜를 마음에 새깁니다.

한마디 "그 험한 십자가"

Note

16 군인들이 예수를 끌고 브라이도리온이라는 뜰 안으로 들어가서 온 군대를 모으고
17 예수에게 자색옷을 입히고 가시관을 엮어 씌우고
18 경례하여 이르되 "유대인의 왕이여, 평안할지어다!" 하고
19 갈대로 그의 머리를 치며 침을 뱉으며 꿇어 절하더라.
20 희롱을 다 한 후 자색옷을 벗기고 도로 그의 옷을 입히고 십자가에 못 박으려고 끌고 나가니라.
21 마침 알렉산더와 루포의 아버지인 구레네 사람 시몬이 시골로부터 와서 지나가는데 그들이 그를
억지로 같이 가게 하여 예수의 십자가를 지우고
22 예수를 끌고 골고다라 하는 곳(번역하면 해골의 곳)에 이르러
23 몰약을 탄 포도주를 주었으나 예수께서 받지 아니하시니라.
24 십자가에 못 박고 그 옷을 나눌새 '누가 어느 것을 가질까?' 하여 제비를 뽑더라.
25 때가 제삼시가 되어 십자가에 못 박으니라.
26 그 위에 있는 죄패에 '유대인의 왕' 이라 썼고
27 강도 둘을 예수와 함께 십자가에 못 박으니 하나는 그의 우편에, 하나는 좌편에 있더라.
28 (없음)
29 지나가는 자들은 자기 머리를 흔들며 예수를 모욕하여 이르되 "아하! 성전을 헐고 사흘에
짓는다는 자여,
30 네가 너를 구원하여 십자가에서 내려오라." 하고
31 그와 같이 대제사장들도 서기관들과 함께 희롱하며 서로 말하되 "그가 남은 구원하였으되 자기는
구원할 수 없도다.
32 이스라엘의 왕 그리스도가 지금 십자가에서 내려와 우리가 보고 믿게 할지어다." 하며 함께
십자가에 못 박힌 자들도 예수를 욕하더라.

19 죽으시고 묻히신 예수님

마가복음 15:33-47

요절 "이에 성소 휘장이 위로부터 아래까지 찢어져 둘이 되니라."(38)

1. 십자가에서 돌아가신 예수님 (33-41)

"나의 하나님, 나의 하나님, 어찌하여 나를 버리셨나이까?" — 예수님은 십자가의 고통 가운데서 처절하게 절규하며 돌아가셨습니다(34). 그와 동시에 성전에서는 성소의 휘장이 위로부터 아래까지 찢어져 둘이 되었습니다. 성소의 휘장은 사람이 죄로 인해 하나님께 나갈 수 없음을 보여주는 막입니다(히 9:8).

예수님이 우리를 대신해서 십자가에서 죽으신 그 순간에 이 휘장이 찢어졌다는 것은 예수님의 죽으심으로 우리가 거룩하신 하나님께 나아갈 수 있는 새롭고 산 길이 열렸다는 것을 보여줍니다(히 10:20). 이제 누구든지 십자가에 달리신 예수님을 믿음으로써 하나님께 담대히 나아갈 수 있게 되었습니다. 사형을 집행한 백부장은 예수님의 죽음을 보며 이렇게 고백했습니다. "이 사람은 진실로 하나님의 아들이었도다."(39)

2. 무덤에 묻히신 예수님 (42-47)

아리마대 사람 요셉은 예수님의 죽으심을 본 후 마음이 크게 변했습니다. 그는 위험을 무릅쓰고 빌라도를 찾아가 예수님의 시신을 달라고 요구했습니다. 그리고 자신을 위해서 바위 속에 파놓았던 무덤에 장사 지냈습니다.

예수님이 무덤에 묻히신 데에는 특별한 뜻이 있습니다. 예수님께서 무덤에 묻히심과 함께 죄악 된 우리 옛 사람도 무덤에 묻혀 장사지내게 되었습니다(롬 6:4).

기도 주님! 십자가에 죽으심으로써 구원의 길을 열어 주셨으니
제가 주님을 의지하여 하나님께 나갑니다. 저를 받아주십시오.

한마디 "하나님께 나아가는 길이 열리다."

Note

33 제육시가 되매 온 땅에 어둠이 임하여 제구시까지 계속하더니
34 제구시에 예수께서 크게 소리 지르시되 "엘리, 엘리, 라마 사박다니?" 하시니 이를 번역하면
"나의 하나님, 나의 하나님, 어찌하여 나를 버리셨나이까?" 하는 뜻이라.
35 곁에 섰던 자 중 어떤 이들이 듣고 이르되 "보라, 엘리야를 부른다." 하고
36 한 사람이 달려가서 해면에 신 포도주를 적시어 갈대에 꿰어 마시게 하고 이르되 "가만 두라.
엘리야가 와서 그를 내려 주나 보자." 하더라.
37 예수께서 큰 소리를 지르시고 숨지시니라.
38 이에 성소 휘장이 위로부터 아래까지 찢어져 둘이 되니라.
39 예수를 향하여 섰던 백부장이 그렇게 숨지심을 보고 이르되 "이 사람은 진실로 하나님의
아들이었도다." 하더라
40 멀리서 바라보는 여자들도 있었는데 그 중에 막달라 마리아와 또 작은 야고보와 요세의 어머니
마리아와 또 살로메가 있었으니
41 이들은 예수께서 갈릴리에 계실 때에 따르며 섬기던 자들이요, 또 이 외에 예수와 함께 예루살렘에
올라온 여자들도 많이 있었더라.
42 이 날은 준비일 곧 안식일 전날이므로 저물었을 때에
43 아리마대 사람 요셉이 와서 당돌히 빌라도에게 들어가 예수의 시체를 달라 하니 이 사람은 존경 받는
공회원이요, 하나님의 나라를 기다리는 자라.
44 빌라도는 예수께서 벌써 죽었을까 하고 이상히 여겨 백부장을 불러 죽은 지가 오래냐 묻고
45 백부장에게 알아 본 후에 요셉에게 시체를 내주는지라.
46 요셉이 세마포를 사서 예수를 내려다가 그것으로 싸서 바위 속에 판 무덤에 넣어 두고 돌을 굴려
무덤문에 놓으매
47 막달라 마리아와 요세의 어머니마리아가 예수 둔 곳을 보더라.

20 그의 피로써

로마서 3:21-31

요절 "이 예수를 하나님이 그의 피로써 믿음으로 말미암는 화목제물로 세우셨으니"(25)

죄는 사람이 하나님의 영광, 즉 하나님이 원하시는 수준에 이르지 못하도록 합니다(23). 또 죄는 하나님과 인간 사이를 화목(和睦)하지 못하게 만듭니다. 그래서 하나님은 인간에게 부담스러운 존재가 되었고, 이로 말미암아 사람의 마음에는 자유와 평화가 없습니다. 하나님께서 이러한 인간이 하나님과 화목할 수 있도록 마련해 주신 제도가 제사입니다.

그런데 제사에는 반드시 제물이 필요합니다. 하나님은 짐승의 피를 속죄소에 뿌리게 하셨고, 그 피를 보시고 우리의 죄를 사하시고 우리를 만나 주시겠다고 약속하셨습니다. 하나님은 피를 생명으로 간주하셨는 데, 생명을 제물로 드릴 때에만 죄가 사함을 받을 수 있기 때문입니다(레 17:11,14; 히 9:22).

그런데 이제 하나님께서는 그의 외아들 예수님을 화목 제물로 삼으셨습니다. 예수님은 우리의 화목 제물이 되시기 위해서 십자가에서 그의 귀한 피를 흘리셨습니다. 이제 하나님은 '그의 피로써' 전에 지은 우리의 모든 죄를 간과(看過)해 주시고 우리를 의롭다고 하십니다(25).

이제 우리는 예수님을 믿기만 하면 됩니다. 죄악되고 연약한 인간을 위해 하나님은 자기의 외아들을 희생하시고 믿음의 법을 마련해 주셨습니다.

기도 주님! 주님의 보혈로 저를 구속하여 주시니 감사합니다.
제가 매 순간 예수님의 보혈을 의지하여 하나님께 나아가겠습니다.

한마디 "보혈의 능력"

Note

21 이제는 율법 외에 하나님의 한 의가 나타났으니 율법과 선지자들에게 증거를 받은 것이라.
22 곧 예수 그리스도를 믿음으로 말미암아 모든 믿는 자에게 미치는 하나님의 의니 차별이 없느니라.
23 모든 사람이 죄를 범하였으매 하나님의 영광에 이르지 못하더니
24 그리스도 예수 안에 있는 속량으로 말미암아 하나님의 은혜로 값 없이 의롭다 하심을 얻은 자
되었느니라.
25 이 예수를 하나님이 그의 피로써 믿음으로 말미암는 화목제물로 세우셨으니 이는 하나님께서
길이 참으시는 중에 전에 지은 죄를 간과하심으로 자기의 의로우심을 나타내려 하심이니
26 곧 이 때에 자기의 의로우심을 나타내사 자기도 의로우시며 또한 예수 믿는 자를 의롭다
하려 하심이라.
27 그런즉 자랑할 데가 어디냐? 있을 수가 없느니라. 무슨 법으로냐? 행위로냐? 아니라, 오직 믿음의
법으로니라.
28 그러므로 사람이 의롭다 하심을 얻는 것은 율법의 행위에 있지 않고 믿음으로 되는 줄 우리가
인정하노라.
29 하나님은 다만 유대인의 하나님이시냐? 또한 이방인의 하나님은 아니시냐? 진실로 이방인의
하나님도 되시느니라.
30 할례자도 믿음으로 말미암아 또한 무할례자도 믿음으로 말미암아 의롭다 하실 하나님은
한 분이시니라.
31 그런즉 우리가 믿음으로 말미암아 율법을 파기하느냐? 그럴 수 없느니라. 도리어 율법을 굳게
세우느니라.

21 다시 사신 예수님

마가복음 16:1-20

요절 "그가 살아나셨고 여기 계시지 아니하니라."(6)

안식 후 첫날 이른 새벽에 평소 예수님을 사랑하고 섬기던 세 여인이 예수님의 시신에 향유를 바르기 위해 무덤에 갔습니다. 그런데 예수님의 무덤에 가 보니 막아두었던 돌이 굴려져 있었고, 무덤은 비어 있었습니다. 그때 천사가 나타나서 놀라운 소식을 전했습니다. "그가 살아나셨고 여기 계시지 아니하니라."(6)

"그가 살아나셨다!" — 이는 인류 역사상 가장 놀랍고 기쁜 소식입니다. 예수님께서 죽음을 이기고 다시 살아나심으로써 인류를 지배해 온 사망 권세를 파하셨습니다.

죽음은 한순간에 인간에게서 모든 것을 빼앗아갑니다. 죽음 때문에 사람은 슬픔과 절망과 허무에서 벗어날 수 없습니다. 그러나 예수님이 부활하심으로써, 이제 그를 믿는 자는 사망의 세계에서 생명의 세계로 옮겨집니다. 다시는 죽음이 그를 믿는 자를 지배할 수 없습니다.

부활하신 예수님을 만난 막달라 마리아와 다른 두 여인이 이 사실을 제자들에게 증거했지만 그들은 믿지 않았습니다. 예수님은 이런 제자들에게 직접 나타나 그들의 불신과 완악함을 책망하셨습니다. 예수님의 부활은 복음의 핵심입니다. 복음을 전한다는 것은 곧 예수님의 부활을 전하는 것입니다. 그래서 예수님은 제자들에게 그의 부활을 보이시고 명령하셨습니다. "너희는 온 천하에 다니며 만민에게 복음을 전파하라." 복음을 믿는 자는 구원을 얻고, 믿지 않는 사람은 정죄를 받습니다.

기도 주님! 주님은 죽음을 파하시고 부활하신 그리스도이십니다.
제가 온 천하에 이 기쁜 소식(복음)을 전하겠습니다.

한마디 "그가 살아나셨다!"

Note

1 안식일이 지나매 막달라 마리아와 야고보의 어머니마리아와 또 살로메가 가서 예수께 바르기 위하여 향품을 사다 두었다가
2 안식 후 첫날 매우 일찍이 해 돋을 때에 그 무덤으로 가며
3 서로 말하되 "누가 우리를 위하여 무덤문에서 돌을 굴려 주리요?" 하더니
4 눈을 들어본즉 벌써 돌이 굴려져 있는데 그 돌이 심히 크더라.
5 무덤에 들어가서 흰 옷을 입은 한 청년이 우편에 앉은 것을 보고 놀라매
6 청년이 이르되 "놀라지 말라. 너희가 십자가에 못 박히신 나사렛 예수를 찾는구나. 그가 살아나셨고 여기 계시지 아니하니라. 보라 그를 두었던 곳이니라."
7 가서 그의 제자들과 베드로에게 이르기를 "예수께서 너희보다 먼저 갈릴리로 가시나니 전에 너희에게 말씀하신 대로 너희가 거기서 뵈오리라 하라." 하는지라.
8 여자들이 몹시 놀라 떨며 나와 무덤에서 도망하고 무서워하여 아무에게 아무 말도 하지 못하더라.
9 [예수께서 안식 후 첫날 이른 아침에 살아나신 후 전에 일곱 귀신을 쫓아내어 주신 막달라 마리아에게 먼저 보이시니
10 마리아가 가서 예수와 함께 하던 사람들이 슬퍼하며 울고 있는 중에 이 일을 알리매
11 그들은 예수께서 살아나셨다는 것과 마리아에게 보이셨다는 것을 듣고도 믿지 아니하니라.
12 그 후에 그들 중 두 사람이 걸어서 시골로 갈 때에 예수께서 다른 모양으로 그들에게 나타나시니
13 두 사람이 가서 남은 제자들에게 알리었으되 역시 믿지 아니하니라.
14 그 후에 열한 제자가 음식 먹을 때에 예수께서 그들에게 나타나사 그들의 믿음 없는 것과 마음이 완악한 것을 꾸짖으시니 이는 자기가 살아난 것을 본 자들의 말을 믿지 아니함일러라.
15 또 이르시되 "너희는 온 천하에 다니며 만민에게 복음을 전파하라.
16 믿고 세례를 받는 사람은 구원을 얻을 것이요, 믿지 않는 사람은 정죄를 받으리라.
17 믿는 자들에게는 이런 표적이 따르리니 곧 그들이 내 이름으로 귀신을 쫓아내며 새 방언을 말하며
18 뱀을 집어올리며 무슨 독을 마실지라도 해를 받지 아니하며 병든 사람에게 손을 얹은즉 나으리라." 하시더라.
19 주 예수께서 말씀을 마치신 후에 하늘로 올려지사 하나님 우편에 앉으시니라.
20 제자들이 나가 두루 전파할새 주께서 함께 역사하사 그 따르는 표적으로 말씀을 확실히 증언하시니라.

22

부활의 복음

고린도전서 15:1–11

요절 "성경대로 그리스도께서 우리 죄를 위하여 죽으시고 장사 지낸 바 되셨다가 성경대로 사흘 만에 다시 살아나사"(3,4)

1. 예수님의 부활과 복음(1–4)

사도 바울은 고린도 형제들에게 그가 이미 전한 복음을 다시 상기시킵니다. 그가 상기시키는 복음의 핵심은 두 가지입니다.

첫째, 성경대로 그리스도께서 우리 죄를 위해 죽으셨다는 것입니다(3). 예수님께서 채찍에 맞으시고 십자가에 못 박혀 죽으신 것은 구약 성경에 예언된 대로 우리의 허물과 죄를 담당하시기 위함이었습니다(사 53:5,6).

둘째, 성경대로 사흘만에 부활하신 것입니다(4). 예수님의 부활은 그가 성경에 예언된 그 그리스도시라는 것을 보여주는 결정적인 증거입니다. 또 그의 복음을 굳게 지키고 헛되이 믿지 않으면 이로 말미암아 반드시 구원을 받게 된다는 증거입니다.

2. 그리스도의 부활의 증인들(5–11)

예수님의 부활은 믿기 어려운 일입니다. 그러나 거기에는 증인들이 있습니다. 예수님의 열 두 제자들이 부활하신 예수님을 보았고, 오백여 형제가 일시에 본 적도 있었습니다. 뿐만 아니라 부활의 주님을 만난 사람들은 그 후로 그들의 삶이 완전히 달라졌습니다. 이 서신을 쓰고 있는 사도 바울은 예수님의 부활을 전하는 신자들을 잡아 가두고 예수님을 핍박하던 사람이었는데(행 8:3; 9:4,5) 부활하신 예수님을 만난 후 변화했습니다. 그는 그 은혜 때문에 다른 사도들보다 더 많이 수고했습니다(10).

기도 주님! 이 시간 주님의 십자가의 죽으심과 부활로 이루신 복음을 다시 굳게 붙듭니다.

한마디 "굳게 지키고 헛되이 믿지 아니하면"

Note

1 형제들아, 내가 너희에게 전한 복음을 너희에게 알게 하노니 이는 너희가 받은 것이요, 또 그 가운데
선 것이라.
2 너희가 만일 내가 전한 그 말을 굳게 지키고 헛되이 믿지 아니하였으면 그로 말미암아 구원을 받으리라.
3 내가 받은 것을 먼저 너희에게 전하였노니 이는 성경대로 그리스도께서 우리 죄를 위하여 죽으시고
4 장사 지낸 바 되셨다가 성경대로 사흘 만에 다시 살아나사
5 게바에게 보이시고 후에 열두 제자에게와
6 그 후에 오백여 형제에게 일시에 보이셨나니 그 중에 지금까지 대다수는 살아 있고 어떤 사람은
잠들었으며
7 그 후에 야고보에게 보이셨으며 그 후에 모든 사도에게와
8 맨 나중에 만삭되지 못하여 난 자 같은 내게도 보이셨느니라.
9 나는 사도 중에 가장 작은 자라. 나는 하나님의 교회를 박해하였으므로 사도라 칭함 받기를 감당하지
못할 자니라.
10 그러나 내가 나 된 것은 하나님의 은혜로 된 것이니 내게 주신 그의 은혜가 헛되지 아니하여 내가
모든 사도보다 더 많이 수고하였으나 내가 한 것이 아니요, 오직 나와 함께 하신 하나님의 은혜로라.
11 그러므로 나나 그들이나 이같이 전파하매 너희도 이같이 믿었느니라.

23 죽은 자의 부활이 없다면

고린도전서 15:12-19

요절 "너희의 믿음도 헛되고 … 여전히 죄 가운데 있을 것이요"(17)

1. 죽은 자의 부활이 없다면(12-16)

예수님을 믿는다고 하면서도 헬라 철학의 영향으로 영혼의 불멸은 믿지만 육체의 부활은 믿지 않는 자들이 있었습니다. 오늘날에도 예수님을 믿는다고 하면서도 이성적으로 받아들이기 힘들다는 이유로 육체의 부활을 믿지 않는 사람들이 많습니다. 그러나 만일 그들의 주장대로 죽은 자의 부활이 없다면 그리스도가 어찌 다시 사실 수 있었겠습니까? 예수님을 믿는다고 하면서도 죽은 자의 부활과 내세를 믿지 않는 사람들이 있는데, 그들은 실제로는 예수님을 믿지 않는 것입니다.

2. 그리스도의 부활이 없다면(17-19)

우리가 믿는 것은 예수님이 그리스도시오, 그를 믿으면 영생을 얻게 된다는 것입니다. 그러나 예수님의 부활이 없다면 어찌 예수님을 그리스도라 증거할 수 있겠습니까? 그리스도의 부활이 없다면 우리는 여전히 죄 가운데 있을 것이며, 복음을 증거하는 사람들은 모두 거짓말쟁이가 됩니다. 부활이 없다면 또 영생의 소망도 없습니다. 부활이 없다면 그리스도를 위해 순교를 당한 자들은 모두 망하게 되고, 그리스도를 위해 수고한 사람들은 세상에서 가장 불쌍한 사람들이 됩니다.

그러나 예수님은 성경대로 죽은 자 가운데서 살아나셨습니다. 지금도 많은 사람이 부활의 복음을 믿고 사죄의 은혜를 덧입음으로써 거듭나며, 부활과 영생의 소망을 가지고 헌신하는 삶을 살고 있습니다.

기도 주님! 주님께서 다시 사셨으니 제게 진정한 희망이 있습니다.
이 희망 가운데 거룩한 순례자의 길을 가겠습니다.

한마디 "그리스도의 부활은 나의 부활"

Note

12 그리스도께서 죽은 자 가운데서 다시 살아나셨다 전파되었거늘 너희 중에서 어떤 사람들은
어찌하여 죽은 자 가운데서 부활이 없다 하느냐?
13 만일 죽은 자의 부활이 없으면 그리스도도 다시 살아나지 못하셨으리라.
14 그리스도께서 만일 다시 살아나지 못하셨으면 우리가 전파하는 것도 헛것이요, 또 너희 믿음도
헛것이며
15 또 우리가 하나님의 거짓 증인으로 발견되리니 우리가 하나님이 그리스도를 다시 살리셨다고 증언하였음
이라. 만일 죽은 자가 다시 살아나는 일이 없으면 하나님이 그리스도를 다시 살리지 아니하셨으리라.
16 만일 죽은 자가 다시 살아나는 일이 없으면 그리스도도 다시 살아나신 일이 없었을 터이요,
17 그리스도께서 다시 살아나신 일이 없으면 너희의 믿음도 헛되고 너희가 여전히 죄 가운데 있을 것이요,
18 또한 그리스도 안에서 잠자는 자도 망하였으리니
19 만일 그리스도 안에서 우리가 바라는 것이 다만 이 세상의 삶뿐이면 모든 사람 가운데 우리가 더욱
불쌍한 자이리라.

24 부활을 믿고 사는 삶

고린도전서 15:20-34

요절 "아담 안에서 모든 사람이 죽은 것같이 그리스도 안에서 모든 사람이 삶을 얻으리라."(22)

그리스도께서 죽은 자 가운데서 살아나심으로써 잠자는 자들의 첫 열매가 되셨습니다(20). 그리스도께서 첫 열매가 되셨다는 것은 그리스도 안에서 죽은 사람들도 그처럼 다시 부활하게 되리라는 것을 보여줍니다. 아담 안에서는 모든 사람이 죽습니다. 이와 같이 그리스도 안에서는 모든 사람이 다시 살아납니다(22).

죽은 자의 첫 열매가 되신 그리스도께서 세상에 다시 오시는 그 날, 그를 믿는 모든 사람들이 부활합니다. 그리고 그 다음에는 그리스도의 심판이 시작됩니다. 이때 하나님을 대적하던 사단의 모든 정사와 권세와 능력이 멸망당합니다. 맨 마지막에는 인간의 최대 원수인 죽음이 멸망당합니다(26). 그리스도께서는 모든 만물을 자기에게 복종케 하시고 그 나라를 하나님께 바칩니다. 그리하여 만유는 처음의 가치와 목적을 회복하고, 하나님께서 만유의 주가 되심으로써 처음의 질서를 회복합니다(28).

앞으로 일어날 일에 대한 이런 믿음을 가진 사람은 죽음을 두려워하지 않습니다. 바울은 주와 복음을 위해 날마다 위험을 무릅썼고 날마다 죽을 수 있었습니다. 부활을 믿지 않는 자들은 내일 죽을 터이니 먹고 마시자 하며 선한 행실을 더럽힙니다. 그러나 부활을 믿는 사람은 깨어 의를 행합니다(33,34)

기도 주님! 제가 부활할 것을 믿습니다. 부활의 산 소망 가운데
날마다 주님이 지신 십자가를 저도 지고 주님을 따르기 원합니다.

한마디 "깨어 의를 행하고 죄를 짓지 말라."

Note

20 그러나 이제 그리스도께서 죽은 자 가운데서 다시 살아나사 잠자는 자들의 첫 열매가 되셨도다.
21 사망이 한 사람으로 말미암았으니 죽은 자의 부활도 한 사람으로 말미암는도다.
22 아담 안에서 모든 사람이 죽은 것 같이 그리스도 안에서 모든 사람이 삶을 얻으리라.
23 그러나 각각 자기 차례대로 되리니 먼저는 첫 열매인 그리스도요 다음에는 그가 강림하실 때에
그리스도에게 속한 자요.
24 그 후에는 마지막이니 그가 모든 통치와 모든 권세와 능력을 멸하시고 나라를 아버지 하나님께
바칠 때라.
25 그가 모든 원수를 그 발 아래에 둘 때까지 반드시 왕 노릇 하시리니
26 맨 나중에 멸망 받을 원수는 사망이니라.
27 만물을 그의 발 아래에 두셨다 하셨으니 만물을 아래에 둔다 말씀하실 때에 만물을 그의 아래에
두신 이가 그 중에 들지 아니한 것이 분명하도다.
28 만물을 그에게 복종하게 하실 때에는 아들 자신도 그 때에 만물을 자기에게 복종하게 하신 이에게
복종하게 되리니 이는 하나님이 만유의 주로서 만유 안에 계시려 하심이라.
29 만일 죽은 자들이 도무지 다시 살아나지 못하면 죽은 자들을 위하여 세례를 받는 자들이 무엇을
하겠느냐? 어찌하여 그들을 위하여 세례를 받느냐?
30 또 어찌하여 우리가 언제나 위험을 무릅쓰리요?
31 형제들아 내가 그리스도 예수 우리 주 안에서 가진 바 너희에 대한 나의 자랑을 두고 단언하노니
나는 날마다 죽노라.
32 내가 사람의 방법으로 에베소에서 맹수와 더불어 싸웠다면 내게 무슨 유익이 있으리요? 죽은 자가
다시 살아나지 못한다면 내일 죽을 터이니 먹고 마시자 하리라.
33 속지 말라. 악한 동무들은 선한 행실을 더럽히나니
34 깨어 의를 행하고 죄를 짓지 말라. 하나님을 알지 못하는 자가 있기로 내가 너희를 부끄럽게 하기
위하여 말하노라.

25 영광스러운 몸의 부활

고린도전서 15:35-49

요절 "우리가 … 또한 하늘에 속한 이의 형상을 입으리라."(49)

사람들은 "죽은 자들이 어떻게 다시 살아나며 어떠한 몸으로 오느냐?" 고 묻습니다. 또 어떤 자들은 자기를 믿으면 죽지 않고 영원히 살게 해 주겠다고 선전합니다. 바울은 이런 자들에게 씨와 꽃의 비유로 부활을 설명합니다. 우리가 심은 씨가 꽃으로 살아나려면 반드시 죽어야 합니다. 마찬가지로 사람이 죽지 않으면 부활할 수 없습니다. 또 씨앗을 뿌리면 씨와는 전혀 다른 새로운 꽃이 피어납니다. 보잘 것 없는 작고 까만 씨에서 그런 일이 일어나리라 상상할 수 없을 정도로 아름다운 꽃이 피어납니다.

이처럼 부활할 때 우리의 몸은 지금의 모습과는 전혀 다를 것입니다. 우리가 지금은 땅에 속한 형체를 입었지만, 부활의 날에는 하늘에 속한 영광스러운 형체를 덧입습니다.

현재 우리의 몸은 썩어 없어질 몸이요 또 죄의 몸입니다. 이 몸 때문에 우리는 생로병사의 굴레 속에서 많은 아픔과 슬픔을 겪습니다. 또 몸의 소욕 때문에 원하지 않게 죄에 빠집니다. 그리고 늙으면 약하고 추해집니다. 우리의 몸은 참으로 욕된 몸입니다. 그러나 장차 우리는 영원히 썩지 않는 신령한 몸으로 부활합니다. 강하고 영광스러운 몸으로 부활합니다(42-44).

우리는 현재 아담과 같이 땅에 속한 사람의 형상을 입고 있습니다. 그러나 부활의 날에는 그리스도를 닮은 하늘에 속한 영광스러운 형상을 덧입고 그리스도와 함께 영원히 왕노릇할 것입니다.

기도 주님! 제가 지금은 부끄러운 모습으로 살지만, 장차 올 영광스런 모습을 바라보면서 죄의 소욕을 이기겠습니다.

한마디 "하늘에 속한 이의 형상을 입으리라."

Note

35 누가 묻기를 "죽은 자들이 어떻게 다시 살아나며 어떠한 몸으로 오느냐?" 하리니
36 어리석은 자여, 네가 뿌리는 씨가 죽지 않으면 살아나지 못하겠고
37 또 네가 뿌리는 것은 장래의 형체를 뿌리는 것이 아니요, 다만 밀이나 다른 것의 알맹이 뿐이로되
38 하나님이 그 뜻대로 그에게 형체를 주시되 각 종자에게 그 형체를 주시느니라.
39 육체는 다 같은 육체가 아니니 하나는 사람의 육체요, 하나는 짐승의 육체요, 하나는 새의 육체요,
하나는 물고기의 육체라.
40 하늘에 속한 형체도 있고 땅에 속한 형체도 있으나 하늘에 속한 것의 영광이 따로 있고 땅에 속한
것의 영광이 따로 있으니
41 해의 영광이 다르고 달의 영광이 다르며 별의 영광도 다른데 별과 별의 영광이 다르도다.
42 죽은 자의 부활도 그와 같으니 썩을 것으로 심고 썩지 아니할 것으로 다시 살아나며
43 욕된 것으로 심고 영광스러운 것으로 다시 살아나며 약한 것으로 심고 강한 것으로 다시 살아나며
44 육의 몸으로 심고 신령한 몸으로 다시 살아나나니 육의 몸이 있은즉 또 영의 몸도 있느니라.
45 기록된 바 첫 사람 아담은 생령이 되었다 함과 같이 마지막 아담은 살려 주는 영이 되었나니
46 그러나 먼저는 신령한 사람이 아니요, 육의 사람이요, 그 다음에 신령한 사람이니라.
47 첫 사람은 땅에서 났으니 흙에 속한 자이거니와 둘째 사람은 하늘에서 나셨느니라.
48 무릇 흙에 속한 자들은 저 흙에 속한 자와 같고 무릇 하늘에 속한 자들은 저 하늘에 속한 이와 같으니
49 우리가 흙에 속한 자의 형상을 입은 것 같이 또한 하늘에 속한 이의 형상을 입으리라.

26 최후의 승리

고린도전서 15:50-58

요절 "사망을 삼키고 이기리라고 기록된 말씀이 이루어지리라."(54)

하나님은 믿는 성도들에게 하나님 나라를 유업으로 약속하셨습니다. 이 나라는 썩지 않는 영원한 나라요 영광스러운 나라입니다. 우리의 썩을 몸으로는 이 하나님 나라를 유업으로 받을 수 없습니다. 그런데 우리가 어떻게 하나님 나라를 유업으로 받게 됩니까? 이제 마지막 나팔 소리가 울려 퍼지고 부활하신 예수님께서 이 땅에 다시 오시는 날 우리는 순식간에 홀연히 다 변화합니다. 죽은 자들이 썩지 아니하는 몸으로 다시 살아나고, 살아있는 자들은 눈 깜짝하는 순간에 다 변화합니다.

우리가 썩지 않고 죽지 않을 몸을 입을 때 죽음도 더 이상 힘을 쓸 수 없습니다. 죽음은 그 동안 모든 사람을 지배해 왔습니다. 인간이 다른 것은 다 정복할 수 있었지만 죽음만은 정복할 수 없었습니다. 죽음 때문에 두려움에 잡히고, 죽음 때문에 비열해지고, 죽음 때문에 이기적으로 살 수 밖에 없었습니다. 그러나 그리스도 예수님께서 재림하셔서 마지막으로 죽음을 멸하십니다. '사망을 삼키고 이기리라'고 기록된 말씀이 이루어집니다(사 25:8). 그때에 죽음을 무기로 해서 사람을 괴롭히던 죄와 율법도 힘을 잃어버립니다.

부활하신 예수님이 재림하시기 때문에 우리의 수고는 주 안에서 결코 헛되지 않습니다. 이 믿음 때문에 우리는 항상 주님의 일에 더욱 힘쓰는 사람들이 될 수 있습니다.

기도 최후승리를 주시는 부활의 주님을 찬양합니다.
제가 그 날에 오셔서 부활의 새 몸으로 입혀주실 주님을 기다립니다.

한마디 "예수님은 다시 오신다."

Note

50 형제들아, 내가 이것을 말하노니 혈과 육은 하나님 나라를 이어 받을 수 없고 또한 썩는 것은 썩지
아니하는 것을 유업으로 받지 못하느니라.
51 보라 내가 너희에게 비밀을 말하노니 우리가 다 잠 잘 것이 아니요, 마지막 나팔에 순식간에 홀연히
다 변화되리니
52 나팔 소리가 나매 죽은 자들이 썩지 아니할 것으로 다시 살아나고 우리도 변화되리라.
53 이 썩을 것이 반드시 썩지 아니할 것을 입겠고 이 죽을 것이 죽지 아니함을 입으리로다.
54 이 썩을 것이 썩지 아니함을 입고 이 죽을 것이 죽지 아니함을 입을 때에는 사망을 삼키고 이기리라고
기록된 말씀이 이루어지리라.
55 사망아, 너의 승리가 어디 있느냐? 사망아, 네가 쏘는 것이 어디 있느냐?
56 사망이 쏘는 것은 죄요, 죄의 권능은 율법이라.
57 우리 주 예수 그리스도로 말미암아 우리에게 승리를 주시는 하나님께 감사하노니
58 그러므로 내 사랑하는 형제들아 견실하며 흔들리지 말고 항상 주의 일에 더욱 힘쓰는 자들이 되라.
이는 너희 수고가 주 안에서 헛되지 않은 줄 앎이라.

제 27 일 – 제 30 일

믿음의 내용

27 네 믿음이 너를 구원하였다.

마태복음 9:18-26

요절 "딸아, 안심하라. 네 믿음이 너를 구원하였다 하시니…"(22)

한 관리(회당의 일을 보는 사람)의 딸이 방금 죽었는데 예수님께 나와 간구했습니다. 18절을 봅시다. 그는 예수님이 죽은 사람도 살리실 것을 믿었습니다. 예수님은 그의 믿음을 보시고 관리의 집으로 향하셨습니다.

그런데 예수님은 도중에 열두 해 동안이나 혈루증을 앓고 있는 여인을 만납니다. 혈루증은 부인병의 하나입니다. 이 여자의 몸과 마음은 혈루증으로 늘 고달팠습니다. 게다가 율법에서는 혈루증을 부정한 병으로 간주했기 때문에 율법적인 사회에서 사람들과의 사귐이 금지되었습니다. 혈루증으로 인해 여인은 시달리고 고통스럽고 고독한 삶을 살아야 했습니다.

그러나 이 여인에게는 믿음이 있었습니다. 그녀는 "예수님의 겉옷만 만져도 구원을 받겠다."고 믿었습니다. 그녀는 율법에 의해 부정한 사람으로 규정되었기 때문에 직원처럼 예수님 앞에 나와 간구할 수 없었습니다. 그래서 예수님 몰래 뒤로 와서 그 겉옷을 만졌습니다. 아마 여인은 부정한 자신이 예수님의 옷을 만졌기 때문에 몹시 두려웠을 것입니다. 그러나 예수님은 말씀하십니다. "딸아 안심하라 네 믿음이 너를 구원하였다."(22)

예수님은 직원의 집에 가셔서 죽어버린 직원의 딸도 손을 잡아 일으켜 살리셨습니다. 예수님은 죽은 사람도 살리시는 능력의 주님이십니다. 누구든지, 또 무슨 문제이든지 믿음으로 예수님에게 나오면 구원을 얻을 수 있습니다.

기도 주님! 주님은 어떤 사람도, 또 어떤 문제에서도 구원해 주실 수 있습니다. 제가 평생 믿음으로 살도록 도와주십시오.

한마디 "믿음이 있으면 구원을 얻을 수 있다."

Note

18 예수께서 이 말씀을 하실 때에 한 관리가 와서 절하며 이르되 "내 딸이 방금 죽었사오나 오셔서
그 몸에 손을 얹어 주소서. 그러면 살아나겠나이다." 하니
19 예수께서 일어나 따라가시매 제자들도 가더니
20 열두 해 동안이나 혈루증으로 앓는 여자가 예수의 뒤로 와서 그 겉옷 가를 만지니
21 이는 제 마음에 그 겉옷만 만져도 구원을 받겠다 함이라.
22 예수께서 돌이켜 그를 보시며 이르시되 "딸아, 안심하라. 네 믿음이 너를 구원하였다." 하시니 여자가
그 즉시 구원을 받으니라.
23 예수께서 그 관리의 집에 가사 피리 부는 자들과 떠드는 무리를 보시고
24 이르시되 "물러가라. 이 소녀가 죽은 것이 아니라 잔다." 하시니 그들이 비웃더라.
25 무리를 내보낸 후에 예수께서 들어가사 소녀의 손을 잡으시매 일어나는지라.
26 그 소문이 그 온 땅에 퍼지더라.

28

수로보니게 여인의 믿음

마가복음 7:24-30

요절 "…이 말을 하였으니 … 귀신이 네 딸에게서 나갔느니라."(29)

수로보니게 여인의 어린 딸이 더러운 귀신에 들렸습니다. 귀신들린 딸 때문에 어머니는 애가 탔습니다. 그러나 여인에겐 딸을 도울 능력이 없었습니다. 그러던 차에 예수님이 자기 동네에 오셨다는 소문을 듣고 예수님께 나와 어린 딸에게서 귀신을 쫓아 주시도록 엎드려 간구했습니다. 그러나 예수님의 대답은 차가웠습니다. '자녀의 떡을 취하여 개들에게 던짐이 마땅치 아니하니라.' 이스라엘 사람은 도와도 이방인은 도울 수 없다는 말씀입니다.

예수님은 여인의 믿음이 어느 정도인지 알아보기 위해 이 말씀을 하셨지만 개 취급을 당한 여인에게는 정말 자존심이 상하는 일이었습니다. 그러나 여인은 다시 예수님께 간구했습니다. "주여, 옳소이다마는 상아래 개들도 아이들의 먹던 부스러기를 먹나이다."(28)

여인은 자신이 자격이 없는 사람이라는 것을 알았습니다. 그는 다만 예수님의 은혜를 구했습니다. 여인은 그렇게 겸손했습니다. 예수님은 이 여인의 겸손에 감동하여 말씀하셨습니다. "이 말을 하였으니 돌아가라 귀신이 네 딸에게서 나갔느니라."(29) 여인이 집에 와보니 아이가 침상에 누웠고 귀신이 나갔습니다.

믿음은 겸손에서 나옵니다. 우리가 자격이 없는 죄인임을 인정할 때 우리는 간절하게 예수님의 은혜를 구하게 되고, 겸손하게 예수님의 은혜를 구할 때 예수님은 우리를 축복해 주십니다.

기도 주님! 제가 은혜받을 자격이 없는 비천한 자임을 인정합니다.
그러나 주님이 아니면 제가 구원을 얻을 수 없사오니 불쌍히 여겨주십시오.

한마디 "믿음은 겸손에서 나오는 것"

Note

24 예수께서 일어나사 거기를 떠나 두로 지방으로 가서 한 집에 들어가 아무도 모르게 하시려
하나 숨길 수 없더라.
25 이에 더러운 귀신 들린 어린 딸을 둔 한 여자가 예수의 소문을 듣고 곧 와서 그 발 아래에 엎드리니
26 그 여자는 헬라인이요, 수로보니게 족속이라. 자기 딸에게서 귀신 쫓아내 주시기를 간구하거늘
27 예수께서 이르시되 "자녀로 먼저 배불리 먹게 할지니 자녀의 떡을 취하여 개들에게 던짐이 마땅치
아니하니라."
28 여자가 대답하여 이르되 "주여, 옳소이다마는 상 아래 개들도 아이들이 먹던 부스러기를 먹나이다."
29 예수께서 이르시되 "이 말을 하였으니 돌아가라. 귀신이 네 딸에게서 나갔느니라." 하시매
30 여자가 집에 돌아가 본즉 아이가 침상에 누웠고 귀신이 나갔더라.

29 주는 그리스도시니이다

마가복음 8:27–38

요절 "베드로가 대답하여 이르되 주는 그리스도시니이다 하매"(29)

가이사랴 빌립보 여러 마을로 지나시는 중에 예수님은 제자들에게 두 가지 질문을 하셨습니다. "사람들이 나를 누구라고 하느냐?" "너희는 나를 누구라 하느냐?" 사람들은 예수님을 세례 요한, 엘리야 또는 선지자 중 한 사람이라고 알고 있었습니다. 그들은 예수님을 그처럼 위대한 분으로 알았지만 어디까지나 사람으로만 알 뿐이었습니다.

그러나 베드로는 "너희는 나를 누구라 하느냐?"는 질문에 "주는 그리스도시니이다."고 고백했습니다. 예수님을 '주(主)'라고 한 것은 예수님이 하나님이시라는 고백입니다. 또 예수님을 '그리스도'라고 한 것은 하나님께서 인간들을 구원하시기 위해 보내신 구원자라는 고백입니다.

"너희는 나를 누구라 하느냐?"는 질문은 아주 중요합니다. 예수님이 누구인가를 정확하게 알고 고백하는 것이 영생의 길이기 때문입니다(요한 17:3).

예수님은 '주는 그리스도'라는 베드로의 신앙 고백을 들으신 후 비로소 장차 당하실 고난과 버린바 되어 죽임을 당하고 사흘만에 다시 살아나실 것을 말씀하셨습니다. 이는 하나님께서 미리 말씀하신 그리스도의 길이었습니다(사 53:4–7). 예수님은 그리스도로서 반드시 이 길을 가셔야 했습니다. 또 예수님을 그리스도로 고백한 사람들도 자기를 부인하고 이 예수님을 따라야 합니다

기도 예수님은 주님이요 저의 그리스도이십니다.
제가 저를 부인하고 예수님을 따르겠습니다.

한마디 "주는 그리스도"

Note

27 예수와 제자들이 빌립보 가이사랴 여러 마을로 나가실새 길에서 제자들에게 물어 이르시되
"사람들이 나를 누구라고 하느냐?"
28 제자들이 여짜와 이르되 "세례 요한이라 하고 더러는 엘리야, 더러는 선지자 중의 하나라 하나이다."
29 또 물으시되 "너희는 나를 누구라 하느냐?" 베드로가 대답하여 이르되 "주는 그리스도시니이다."
하매
30 이에 자기의 일을 아무에게도 말하지 말라 경고하시고
31 인자가 많은 고난을 받고 장로들과 대제사장들과 서기관들에게 버린 바 되어 죽임을 당하고 사흘
만에 살아나야 할 것을 비로소 그들에게 가르치시되
32 드러내 놓고 이 말씀을 하시니 베드로가 예수를 붙들고 항변하매
33 예수께서 돌이키사 제자들을 보시며 베드로를 꾸짖어 이르시되 "사탄아 내 뒤로 물러가라.
네가 하나님의 일을 생각하지 아니하고 도리어 사람의 일을 생각하는도다." 하시고
34 무리와 제자들을 불러 이르시되 "누구든지 나를 따라오려거든 자기를 부인하고 자기 십자가를 지고
나를 따를 것이니라.
35 누구든지 자기 목숨을 구원하고자 하면 잃을 것이요, 누구든지 나와 복음을 위하여 자기 목숨을
잃으면 구원하리라.
36 사람이 만일 온 천하를 얻고도 자기 목숨을 잃으면 무엇이 유익하리요?
37 사람이 무엇을 주고 자기 목숨과 바꾸겠느냐?
38 누구든지 이 음란하고 죄 많은 세대에서 나와 내 말을 부끄러워하면 인자도 아버지의 영광으로
거룩한 천사들과 함께 올 때에 그 사람을 부끄러워하리라."

30 구원 얻는 길

로마서 10:1-13

요절 "사람이 마음으로 믿어 의에 이르고 입으로 시인하여 구원에 이르느니라."(10)

사도 바울은 자기 동족 이스라엘이 구원 얻게 되기를 하나님께 간절히 기도했습니다(1). 이스라엘이 구원을 얻지 못하는 것은 그들이 게을렀기 때문이 아니었습니다. 그들은 어느 민족보다도 종교적인 열심이 있었습니다. 그들은 자기들의 열심과 노력으로 율법을 지킴으로써 구원을 얻고자 했습니다. 그러나 그것은 하나님이 정하신 구원의 도리를 알지 못하고 자기들 나름대로 열심을 내는 것이었습니다. 그리고 하나님의 의를 세우는 데 목적이 있지 않고 자기 의를 세우려는 데 있었습니다. 그러므로 그들은 열심을 낼수록 더욱 더 하나님의 의에 복종하지 못하게 되고 구원과는 멀어졌습니다.

이스라엘은 마치 그들이 하늘에 올라가서 그리스도를 모셔 내려오고, 음부에 내려가서 그리스도를 모셔 올리기라도 할 것처럼 생각했습니다(6,7). 그러나 구원의 길이 그렇게 멀리 있는 것이 아닙니다. 구원의 길은 하나님의 말씀에 있고, 그 말씀은 이미 우리에게 전파되었습니다(8). 그러면 우리가 어떻게 구원을 얻을 수 있습니까?

첫째, 입으로 예수님을 주로 시인하면 됩니다(9a). 둘째, 하나님께서 예수님을 죽은 자 가운데서 살리신 것을 마음으로 믿으면 됩니다(9b). 하나님께서 이렇게 쉬운 방법으로 죄인들을 구원하고자 하신 것은 예수님의 이름을 부르는 모든 자들을 구원하시기 위함입니다(13).

기도 주님! 제가 무지하여 자신의 노력으로 구원에 이르고자 했습니다. 이제는 예수님을 주로 고백하오니 도와주십시오.

한마디 "마음으로 믿고 입으로 고백하면 구원을 얻습니다."

Note

1 형제들아, 내 마음에 원하는 바와 하나님께 구하는 바는 이스라엘을 위함이니 곧 그들로 구원을 받게 함이라.
2 내가 증언하노니 그들이 하나님께 열심이 있으나 올바른 지식을 따른 것이 아니니라.
3 하나님의 의를 모르고 자기 의를 세우려고 힘써 하나님의 의에 복종하지 아니하였느니라.
4 그리스도는 모든 믿는 자에게 의를 이루기 위하여 율법의 마침이 되시니라.
5 모세가 기록하되 '율법으로 말미암는 의를 행하는 사람은 그 의로 살리라.' 하였거니와
6 믿음으로 말미암는 의는 이같이 말하되 '네 마음에 누가 하늘에 올라가겠느냐?' 하지 말라 하니 올라가겠느냐 함은 그리스도를 모셔 내리려는 것이요,
7 혹은 '누가 무저갱에 내려가겠느냐?' 하지 말라 하니 내려가겠느냐 함은 그리스도를 죽은 자 가운데서 모셔 올리려는 것이라.
8 그러면 무엇을 말하느냐 말씀이 네게 가까워 네 입에 있으며 네 마음에 있다 하였으니 곧 우리가 전파하는 믿음의 말씀이라.
9 네가 만일 네 입으로 예수를 주로 시인하며 또 하나님께서 그를 죽은 자 가운데서 살리신 것을 네 마음에 믿으면 구원을 받으리라.
10 사람이 마음으로 믿어 의에 이르고 입으로 시인하여 구원에 이르느니라.
11 성경에 이르되 "누구든지 그를 믿는 자는 부끄러움을 당하지 아니하리라." 하니
12 유대인이나 헬라인이나 차별이 없음이라. 한 분이신 주께서 모든 사람의 주가 되사 그를 부르는 모든 사람에게 부요하시도다.
13 누구든지 주의 이름을 부르는 자는 구원을 받으리라.

제 31 일 – 제 44 일

믿음의 성장

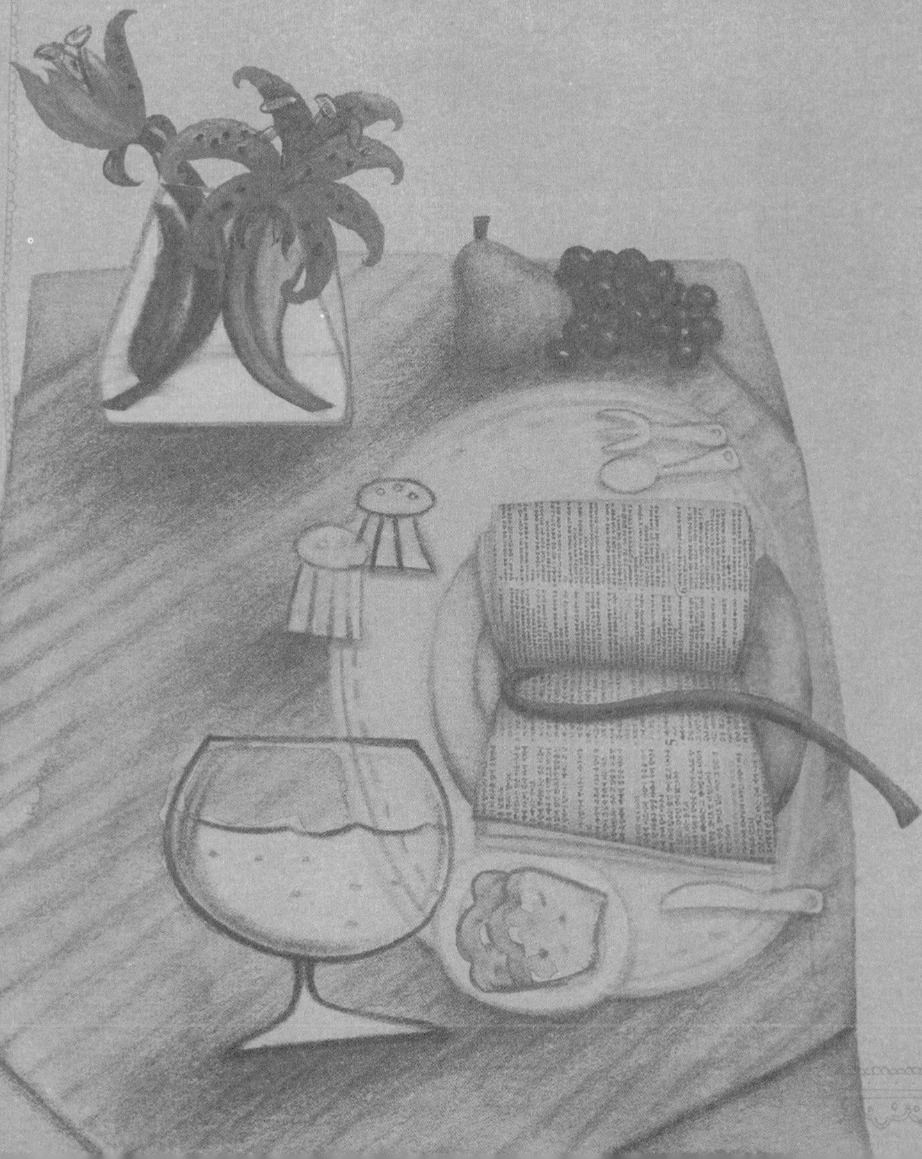

31 말씀과 마음 밭

마가복음 4:1–20

요절 "좋은땅에 뿌려졌다는것은곧 말씀을듣고받아…"(20)

신앙생활은 하나님의 말씀이 우리 마음에서 열매를 맺는 과정이라 말할 수 있습니다. 오늘 비유 말씀에서 '씨'는 하나님의 말씀을, '밭'은 우리 마음을 가리킵니다. 그런데 씨가 열매를 맺을 수 있는 밭이 있는가 하면 열매를 맺을수 없는밭도 있습니다.

1. 길가와 같은 마음 (4,15): 세상 지식, 세상의 이목, 자기 편견, 상대주의적인 사고 방식 때문에 마음이 어지러워져서 말씀을 영접하지 않는 사람입니다.

2. 돌밭과 같은 마음 (5,6,16,17): 이들은 말씀을 들으면 즉시 기쁨으로 받습니다. 그러나 말씀 때문에 환난이나 핍박을 받게 되면 곧 넘어집니다. 이는 그 속에 뿌리가 없기 때문입니다. 이들이 열매를 맺으려면 어떤 어려움이 있어도 하나님의 진리에 깊이 뿌리 박는 삶을 살고자하는 소원을 가져야 합니다.

3. 가시떨기와 같은 마음 (7,18,19): 이들은 말씀을 듣지만 세상의 염려, 재물의 유혹, 기타 욕심이 들어와 그 기운 때문에 결실하지 못하는 사람들입니다. 이들은 늘 그러한 가시 떨기들을 뽑아내야 합니다.

4. 좋은 땅과 같은 마음 (8,20): 이들은 말씀을 듣고 받습니다. 하나님의 말씀을 마음으로 받을 뿐만 아니라 순종합니다. 이들의 마음에는 하나님의 말씀이 잘 자라서 많은 열매를 맺습니다. 그들의 내면은 하나님의 형상을 닮아 거룩해지며, 그를 통해서 많은 사람들이 하나님의 은혜를 입고 구원을 얻습니다.

기도

주님! 제가 하나님의 말씀을 마음으로 받아
백 배 의 결실을 맺는사람이 되도록 도와주십시오!

한마디 "좋은밭, 백배의결실"

Note

1 예수께서 다시 바닷가에서 가르치시니 큰 무리가 모여들거늘 예수께서 바다에 떠 있는 배에 올라
앉으시고 온 무리는 바닷가 육지에 있더라.
2 이에 예수께서 여러 가지를 비유로 가르치시니 그 가르치시는 중에 그들에게 이르시되
3 "들으라! 씨를 뿌리는 자가 뿌리러 나가서
4 뿌릴새 더러는 길 가에 떨어지매 새들이 와서 먹어 버렸고
5 더러는 흙이 얕은 돌밭에 떨어지매 흙이 깊지 아니하므로 곧 싹이 나오나
6 해가 돋은 후에 타서 뿌리가 없으므로 말랐고
7 더러는 가시떨기에 떨어지매 가시가 자라 기운을 막으므로 결실하지 못하였고
8 더러는 좋은 땅에 떨어지매 자라 무성하여 결실하였으니 삼십 배나 육십 배나 백 배가 되었느니라."
하시고
9 또 이르시되 "들을 귀 있는 자는 들으라." 하시니라.
10 예수께서 홀로 계실 때에 함께 한 사람들이 열두 제자와 더불어 그 비유들에 대하여 물으니
11 이르시되 "하나님 나라의 비밀을 너희에게는 주었으나 외인에게는 모든 것을 비유로 하나니
12 이는 그들로 보기는 보아도 알지 못하며 듣기는 들어도 깨닫지 못하게 하여 돌이켜 죄 사함을
얻지 못하게 하려 함이라." 하시고
13 또 이르시되 "너희가 이 비유를 알지 못할진대 어떻게 모든 비유를 알겠느냐?
14 뿌리는 자는 말씀을 뿌리는 것이라.
15 말씀이 길 가에 뿌려졌다는 것은 이들을 가리킴이니 곧 말씀을 들었을 때에 사탄이 즉시 와서
그들에게 뿌려진 말씀을 빼앗는 것이요.
16 또 이와 같이 돌밭에 뿌려졌다는 것은 이들을 가리킴이니 곧 말씀을 들을 때에 즉시 기쁨으로 받으나
17 그 속에 뿌리가 없어 잠깐 견디다가 말씀으로 인하여 환난이나 박해가 일어나는 때에는 곧
넘어지는 자요.
18 또 어떤 이는 가시떨기에 뿌려진 자니 이들은 말씀을 듣기는 하되
19 세상의 염려와 재물의 유혹과 기타 욕심이 들어와 말씀을 막아 결실하지 못하게 되는 자요.
20 좋은 땅에 뿌려졌다는 것은 곧 말씀을 듣고 받아 삼십 배나 육십 배나 백 배의 결실을 하는 자니라.

32 복 있는 사람

시편 1:1-6

요절 "오직 여호와의 율법을 즐거워하여 그의 율법을 주야로 묵상하는도다."(2)

1. 의인의 길 (1-3)

복 있는 사람은 악인의 꾀를 따르지 아니하며, 죄인의 길에 서지 않으며, 오만한 자의 자리에 앉지 않습니다. 오만한 자의 유익과 악인의 재미를 따르지 않습니다. 그들은 유익과 재미보다 하나님의 말씀을 즐거워하며 그 말씀을 밤낮으로 묵상합니다. 이런 사람들은 마치 시냇가에 심은 나무와 같습니다. 시냇가에 심은 나무는 철을 따라 열매를 맺으며 그 잎사귀가 마르지 않습니다.

우리는 세상 사람들과 다르게 살면 세상에서 뒤떨어지고, 늘 하나님의 말씀을 묵상하며 살면 시대에 뒤떨어질 것이라고 생각합니다. 그러나 그렇지 않습니다. 하나님의 말씀을 묵상하며 말씀을 따라 사는 사람은 어느 누구보다 뛰어난 내면과 영적인 힘을 갖습니다. 그리고 시냇가에 심은 나무처럼 싱싱하고, 그 열매처럼 보람찬 삶을 살게 됩니다. 축복은 하나님의 것입니다. 하나님은 그 축복을 의인의 길을 걸으며 그의 말씀을 따르는 자에게 주십니다.

2. 악인의 길 (4-6)

악인은 한 마디로 바람에 나는 겨와 같습니다. 그들은 하나님의 진리의 말씀에 굳건히 서지 않고 세상의 재미와 유익을 위해 이리저리 왔다갔다 합니다. 세상 풍조에 떠밀려 다닙니다. 그들은 자유로워 보입니다. 그러나 실제로는 바람에 나는 겨와 같습니다. 껍질을 벗겨 보면 알맹이가 없습니다. 무엇보다 이들은 하나님의 심판을 견딜 수 없습니다.

기도 주님! 제가 하나님의 말씀을 즐거워하여 주야로 묵상하겠사오니, 시냇가의 나무처럼 열매 맺는 인생이 되게 해 주십시오.

한마디 "오직 여호와의 율법을 즐거워하며"

Note

1 복 있는 사람은 악인들의 꾀를 따르지 아니하며 죄인들의 길에 서지 아니하며 오만한 자들의 자리에
앉지 아니하고
2 오직 여호와의 율법을 즐거워하여 그의 율법을 주야로 묵상하는도다.
3 그는 시냇가에 심은 나무가 철을 따라 열매를 맺으며 그 잎사귀가 마르지 아니함 같으니 그가 하는
모든 일이 다 형통하리로다.
4 악인들은 그렇지 아니함이여 오직 바람에 나는 겨와 같도다.
5 그러므로 악인들은 심판을 견디지 못하며 죄인들이 의인들의 모임에 들지 못하리로다.
6 무릇 의인들의 길은 여호와께서 인정하시나 악인들의 길은 망하리로다.

33 청년이 무엇으로 살 것인가

시편 119:1-16

요절 "청년이 무엇으로 그의 행실을 깨끗하게 하리이까? 주의 말씀만 지킬 따름이니이다."(9)

청년의 때는 가능성이 많은 시기입니다. 뜨거운 정열이 있고, 힘과 활력이 넘치는 시기입니다. 그러나 동시에 유혹에 약하고 여기저기 마음을 빼앗기기 쉽습니다. 잘못하면 가능성들은 쓸모 없어지고, 정욕과 감정의 노예가 되고, 마음이 부패해 질 수 있습니다. 그래서 시인은 청년들을 위해 두 가지를 기도합니다.

첫째, 전심으로 하나님을 구할 것. 감정과 소욕에 따라 마음대로 사는 청년보다 여호와의 법을 행하는 자가 복이 있고(1), 마음을 다 해 하나님을 구하는 청년이 복이 있습니다(2). 그런 청년이 불의에 빠지지 않고 하나님의 길을 걸을 수 있으며(3), 부끄럽지 않은 삶을 살 수 있습니다(6).

둘째, 주의 말씀을 따라 삼갈 것. 시인은 정직했고(7), 청년의 약점을 잘 알았습니다. 그래서 그는 자기 맘대로 살기보다 주의하는 것이 있었고, 삼가는 것이 있었습니다. 주의 모든 계명에 주의하였고(6), 주의 말씀을 따라 삼갔습니다(9). 하나님께 범죄하지 않기 위해 하나님의 말씀을 그의 마음에 두었고(11), 하나님의 말씀을 지킬 터이니 자기를 버리지 말아 달라고 간절하게 기도합니다(8). 그는 깨끗하고 바른 청년으로 살고 싶었기 때문에 모든 재물을 즐거워함 같이 하나님의 말씀을 즐거워했습니다(14,16).

기도 주님! 저를 청년의 때에 주의 말씀으로 살도록 훈련시켜 주시고, 거기 있는 즐거움을 알도록 도와주셔서 감사합니다(7).

한마디 "주의 말씀만 지킬 따름이니이다."

Note

1 행위가 온전하여 여호와의 율법을 따라 행하는 자들은 복이 있음이여
2 여호와의 증거들을 지키고 전심으로 여호와를 구하는 자는 복이 있도다.
3 참으로 그들은 불의를 행하지 아니하고 주의 도를 행하는도다.
4 주께서 명령하사 주의 법도를 잘 지키게 하셨나이다.
5 내 길을 굳게 정하사 주의 율례를 지키게 하소서.
6 내가 주의 모든 계명에 주의할 때에는 부끄럽지 아니하리이다.
7 내가 주의 의로운 판단을 배울 때에는 정직한 마음으로 주께 감사하리이다.
8 내가 주의 율례들을 지키오리니 나를 아주 버리지 마옵소서.
9 청년이 무엇으로 그의 행실을 깨끗하게 하리이까? 주의 말씀만 지킬 따름이니이다.
10 내가 전심으로 주를 찾았사오니 주의 계명에서 떠나지 말게 하소서.
11 내가 주께 범죄하지 아니하려 하여 주의 말씀을 내 마음에 두었나이다.
12 찬송을 받으실 주 여호와여 주의 율례들을 내게 가르치소서.
13 주의 입의 모든 규례들을 나의 입술로 선포하였으며
14 내가 모든 재물을 즐거워함 같이 주의 증거들의 도를 즐거워하였나이다.
15 내가 주의 법도들을 작은 소리로 읊조리며 주의 길들에 주의하며
16 주의 율례들을 즐거워하며 주의 말씀을 잊지 아니하리이다.

34 내가 주의 법을 어찌 그리 사랑하는지요

시편 119:97-112

요절 "주의 말씀의 맛이 내게 어찌 그리 단지요? 내 입에 꿀보다 더 다니이다."(103)

시인에게 하나님의 말씀은 사랑의 대상이었습니다. 그는 말씀을 너무나 사랑하여 하루 종일 묵상했습니다(97). 하루 종일 말씀의 뜻을 생각하고, 말씀에 비추어 자신의 생활과 세상의 일들을 해석하고, 말씀에서 해답을 얻고, 말씀을 기초로 방향을 잡았습니다. 그럴 때마다 하나님의 말씀이 진리라는 것을 더 깊이 체험했고, 사람과 세상을 날마다 새롭게 발견하는 기쁨이 있었습니다. 그에게 주의 말씀은 꿀보다 더 달았습니다. 뿐만 아니라 그에게는 주의 말씀을 사랑하는 사람에게 주시는 축복이 있었습니다.

첫째, 지혜와 명철을 주십니다. 하나님의 말씀을 사랑하는 사람은 하나님께서 권모술수에 능한 원수들보다 지혜롭게 하시며(98), 공부를 많이 한 스승이나, 경험이 많은 노인보다 더 명철이 뛰어나게 해 주십니다(99,100).

둘째, 악한 길에서 지켜 주십니다(101). 하나님의 말씀은 우리 발의 등이요, 우리의 길에 빛이 되셔서(105) 우리가 악한 길로 가지 않도록 인도해 주십니다.

셋째, 고난에서 우리를 지켜주십니다. 사람이 고난을 당하면 당황하여 삶을 그르치거나 위축되기 쉽습니다. 그런데 하나님의 말씀은 우리를 정신 차리게 해 주십니다(107). 우리가 당하는 고난에 어떤 의미가 있는가를 알게 해 주시며, 그것을 감당할 수 있는 힘을 주십니다.

기도 주님! 주님의 말씀이 제 인생길에 등과 빛이 되시니 감사합니다.
제가 일생동안 말씀을 좇아 살겠습니다.

한마디 "주님의 말씀은 내 길에 등과 빛"

Note

97 내가 주의 법을 어찌 그리 사랑하는지요! 내가 그것을 종일 작은 소리로 읊조리나이다.
98 주의 계명들이 항상 나와 함께 하므로 그것들이 나를 원수보다 지혜롭게 하나이다.
99 내가 주의 증거들을 늘 읊조리므로 나의 명철함이 나의 모든 스승보다 나으며
100 주의 법도들을 지키므로 나의 명철함이 노인보다 나으니이다.
101 내가 주의 말씀을 지키려고 발을 금하여 모든 악한 길로 가지 아니하였사오며
102 주께서 나를 가르치셨으므로 내가 주의 규례들에서 떠나지 아니하였나이다.
103 주의 말씀의 맛이 내게 어찌 그리 단지요, 내 입에 꿀보다 더 다니이다.
104 주의 법도들로 말미암아 내가 명철하게 되었으므로 모든 거짓 행위를 미워하나이다.
105 주의 말씀은 내 발에 등이요, 내 길에 빛이니이다.
106 주의 의로운 규례들을 지키기로 맹세하고 굳게 정하였나이다.
107 나의 고난이 매우 심하오니 여호와여 주의 말씀대로 나를 살아나게 하소서.
108 여호와여 구하오니 내 입이 드리는 자원제물을 받으시고 주의 공의를 내게 가르치소서.
109 나의 생명이 항상 위기에 있사오나 나는 주의 법을 잊지 아니하나이다.
110 악인들이 나를 해하려고 올무를 놓았사오나 나는 주의 법도들에서 떠나지 아니하였나이다.
111 주의 증거들로 내가 영원히 나의 기업을 삼았사오니 이는 내 마음의 즐거움이 됨이니이다.
112 내가 주의 율례들을 영원히 행하려고 내 마음을 기울였나이다.

35 참 포도나무, 예수님

요한복음 15:1-8

요절 "나는 포도나무요, 너희는 가지라…"(5)

1. 나무와 가지

예수님은 하나님을 농부, 예수님을 참포도나무 그리고 우리를 그 가지에 비유하십니다. 포도나무 가지에 포도가 주렁주렁 달려 있지만 사실은 가지가 열매를 맺는 것이 아닙니다. 가지는 열매를 달고 있을 뿐, 그 열매를 맺게 하는 것은 나무입니다. 나무는 가지에 수분과 양분을 공급하고, 가지는 이를 공급받아 자라고 꽃을 피우고 열매를 맺습니다. 사람은 스스로 열매를 맺을 수 없습니다. 나무이신 예수님에게 붙어 있어야 합니다. 예수님은 '참' 포도나무이십니다. 예수님에게 붙어 있어야만 들포도가 아니라 참포도, 하나님이 원하시는 열매를 맺을 수 있습니다.

2. 가지와 농부

가지를 제 멋대로 두면 가지만 길게 자라고 잎만 무성해집니다. 겉보기에는 멋있는 것 같지만 열매가 없는 이런 가지는 결국 불살라지게 됩니다(6). 열매 없는 인생은 하나님의 심판을 받습니다.

그러므로 농부는 가지가 좋은 열매를 맺게 하기 위해 불필요한 곁가지, 썩은 가지, 잔가지를 쳐서 깨끗이 합니다. 농부이신 하나님은 이 일을 그의 말씀을 통해서 이루십니다(3). 하나님의 말씀은 우리에게 있어서 무엇이 불필요한 가지인지를 알게 하시고 또 그것을 잘라낼 수 있는 힘을 줍니다. 사람이 예수님 안에 거해야만 열매를 맺을 수 있는데, 예수님 안에 거한다는 것은 예수님의 말씀 안에 거하는 것을 말합니다(7a).

기도

주님! 주님을 떠나서는 제가 열매를 맺을 수 없습니다.
저를 말씀으로 깨끗케 해 주시고 주님께 붙어있도록 해 주십시오.

한마디 "예수님은 참포도나무, 나는 가지"

Note

1 나는 참포도나무요, 내 아버지는 농부라.
2 무릇 내게 붙어 있어 열매를 맺지 아니하는 가지는 아버지께서 그것을 제거해 버리시고 무릇 열매를
맺는 가지는 더 열매를 맺게 하려 하여 그것을 깨끗하게 하시느니라.
3 너희는 내가 일러준 말로 이미 깨끗하여졌으니
4 내 안에 거하라, 나도 너희 안에 거하리라. 가지가 포도나무에 붙어 있지 아니하면 스스로 열매를
맺을 수 없음 같이 너희도 내 안에 있지 아니하면 그러하리라.
5 나는 포도나무요, 너희는 가지라. 그가 내 안에, 내가 그 안에 거하면 사람이 열매를 많이 맺나니
나를 떠나서는 너희가 아무 것도 할 수 없음이라.
6 사람이 내 안에 거하지 아니하면 가지처럼 밖에 버려져 마르나니 사람들이 그것을 모아다가 불에
던져 사르느니라.
7 너희가 내 안에 거하고 내 말이 너희 안에 거하면 무엇이든지 원하는 대로 구하라, 그리하면 이루리라.
8 너희가 열매를 많이 맺으면 내 아버지께서 영광을 받으실 것이요, 너희는 내 제자가 되리라.

36 진리의 성령이 오시면

요한복음 16:1-15

요절 "진리의 성령이 오시면 … 모든 진리 가운데로 인도하시리니…"(13)

예수님은 장차 사람들이 제자들을 사회에서 매장시키고 심지어는 죽이기도 할 것이라고 말씀하십니다(2). 그들이 그런 잔악한 짓을 하는 것은 하나님과 예수님을 알지 못하기 때문입니다(3). 제자들이 이렇게 하나님을 알지 못하는 자들에 의해 어려움을 당할 것이지만, 하나님은 결코 그들을 고아같이 버려두지 않으십니다. 보혜사 성령을 보내셔서 그들과 함께 하시며 그들을 지키십니다(7).

사람들은 예수님을 믿으면 세상에서 존경을 받을 것이라고 생각합니다. 그러나 실제로는 그 반대입니다. 세상이 하나님과 예수님을 알지 못하기 때문입니다. 성령이 우리를 도우시는 것을 알 때 우리가 믿음을 지킬 수 있습니다.

성령은 예수님의 제자들을 지켜주실 뿐 아니라 세상에 대해서는 죄에 대하여, 의에 대하여, 심판에 대하여 책망하십니다. 책망한다는 것은 깨우쳐 주신다는 뜻입니다. 성령은 첫째, 예수님을 믿지 않는 것이 곧 죄임을 깨우쳐 주십니다. 둘째, 의에 대하여 책망하십니다. 예수님은 우리 죄를 위하여 십자가에 죽으시고 부활하셨습니다. 그를 믿을 때 죄인들이 의롭게 될 수 있습니다. 셋째, 예수님이 이루신 의로 말미암아 이 세상 임금 곧 사단의 세력이 이미 심판을 받았음을 깨우쳐 줍니다. 성령은 진리의 영으로써 세상 사람들을 모든 진리 가운데로 인도하십니다.

기도 주님! 근심하는 저희에게 성령을 보내주셔서 감사합니다.
성령께서 저와 이 세상을 진리로 인도하여 주십시오.

한마디 "진리의 성령"

Note

1 내가 이것을 너희에게 이름은 너희로 실족하지 않게 하려 함이니
2 사람들이 너희를 출교할 뿐 아니라. 때가 이르면 무릇 너희를 죽이는 자가 생각하기를 이것이
하나님을 섬기는 일이라 하리라.
3 그들이 이런 일을 할 것은 아버지와 나를 알지 못함이라.
4 오직 너희에게 이 말을 한 것은 너희로 그 때를 당하면 내가 너희에게 말한 이것을 기억나게 하려
함이요, 처음부터 이 말을 하지 아니한 것은 내가 너희와 함께 있었음이라.
5 지금 내가 나를 보내신 이에게로 가는데 너희 중에서 나더러 어디로 가는지 묻는 자가 없고
6 도리어 내가 이 말을 하므로 너희 마음에 근심이 가득하였도다.
7 그러나 내가 너희에게 실상을 말하노니 내가 떠나가는 것이 너희에게 유익이라. 내가 떠나가지
아니하면 보혜사가 너희에게로 오시지 아니할 것이요, 가면 내가 그를 너희에게로 보내리니
8 그가 와서 죄에 대하여, 의에 대하여, 심판에 대하여 세상을 책망하시리라.
9 죄에 대하여라 함은 그들이 나를 믿지 아니함이요.
10 의에 대하여라 함은 내가 아버지께로 가니 너희가 다시 나를 보지 못함이요.
11 심판에 대하여라 함은 이 세상 임금이 심판을 받았음이라.
12 내가 아직도 너희에게 이를 것이 많으나 지금은 너희가 감당하지 못하리라.
13 그러나 진리의 성령이 오시면 그가 너희를 모든 진리 가운데로 인도하시리니 그가 스스로 말하지
않고 오직 들은 것을 말하며 장래 일을 너희에게 알리시리라.
14 그가 내 영광을 나타내리니 내 것을 가지고 너희에게 알리시겠음이라.
15 무릇 아버지께 있는 것은 다 내 것이라. 그러므로 내가 말하기를 그가 내 것을 가지고 너희에게
알리시리라 하였노라.

37

성도의 새 생활

사도행전 2:37-47

요절 "너희가 회개하여… 죄 사함을 받으라."(38)

베드로의 설교를 들은 예루살렘 사람들은 마음이 찔려서 베드로와 사도들에게 물었습니다. "형제들아 우리가 어찌할꼬?" 베드로가 그들에게 말했습니다. "너희가 회개하여 각각 예수 그리스도의 이름으로 세례를 받고 죄 사함을 받으라. 그리하면 성령의 선물을 받으리니…"(38)

베드로는 그들이 죄를 회개하고 예수 그리스도의 이름으로 세례를 받음으로써 죄 사함을 받도록 도왔습니다. 회개란 하나님을 거스려 죄악된 길을 가던 사람이 하나님께로 돌아오는 것입니다. 하나님은 회개하는 자에게 성령의 선물을 주십니다. 죄를 회개한 사람은 본능의 지배를 받지 않고 성령의 지배를 받습니다. 그래서 마음과 생각과 행동이 거룩해 집니다. 그러므로 죄를 회개한 사람은 이제까지와는 전혀 다른 새로운 생활을 시작하게 됩니다. 어떤 생활입니까?

그 날 예수님을 믿고 죄 사함을 받은 사람이 삼천 명이었습니다(41). 그들은 사도들에게 말씀을 배우고 서로 교제하고 떡을 떼며 기도하기에 전혀 힘썼습니다. 뿐만 아니라 그들은 모든 물건을 자기 것이라 생각하지 않고 서로 통용했습니다. 또 날마다 마음을 같이하여 성전에 모이기를 힘썼습니다. 그리고 음식과 떡을 떼며 교제를 나누었습니다(46). 그들 가운데서 많은 하나님의 역사가 일어났고(43), 그들은 모든 백성들에게 칭송을 받았으며, 구원받는 사람들이 날마다 늘어났습니다.

기도 주님! 저로 회개하고 죄 사함을 받게 해 주셔서 감사합니다. 제가 이제는 형제들과 말씀과 사랑의 교제를 나누겠습니다.

한마디 "성도의 아름다운 새 생활"

Note

37 그들이 이 말을 듣고 마음에 찔려 베드로와 다른 사도들에게 물어 이르되 "형제들아, 우리가
어찌할꼬?" 하거늘
38 베드로가 이르되 "너희가 회개하여 각각 예수 그리스도의 이름으로 세례를 받고 죄 사함을 받으라.
그리하면 성령의 선물을 받으리니
39 이 약속은 너희와 너희 자녀와 모든 먼 데 사람 곧 주 우리 하나님이 얼마든지 부르시는 자들에게
하신 것이라." 하고
40 또 여러 말로 확증하며 권하여 이르되 "너희가 이 패역한 세대에서 구원을 받으라." 하니
41 그 말을 받은 사람들은 세례를 받으매 이 날에 신도의 수가 삼천이나 더하더라.
42 그들이 사도의 가르침을 받아 서로 교제하고 떡을 떼며 오로지 기도하기를 힘쓰니라.
43 사람마다 두려워하는데 사도들로 말미암아 기사와 표적이 많이 나타나니
44 믿는 사람이 다 함께 있어 모든 물건을 서로 통용하고
45 또 재산과 소유를 팔아 각 사람의 필요를 따라 나눠 주며
46 날마다 마음을 같이하여 성전에 모이기를 힘쓰고 집에서 떡을 떼며 기쁨과 순전한 마음으로
음식을 먹고
47 하나님을 찬미하며 또 온 백성에게 칭송을 받으니 주께서 구원 받는 사람을 날마다 더하게 하시니라.

38 믿는 자의 행복

로마서 4:1-8

요절 "불법이 사함을 받고 죄가 가리어짐을 받는 사람들은 복이 있고,
주께서 그 죄를 인정하지 아니하실 사람은 복이 있도다 함과 같으니라."(7,8)

아브라함은 유대인들의 조상입니다. 유대인들은 모든 일에서 아브라함을 본으로 삼았습니다. 그런데 아브라함은 유대인들의 생각처럼 행위로 의롭다함을 얻은 것이 아니었습니다. 아브라함은 나이 늙어 아무 것도 바랄 수 없는 절망적인 상황이었지만, 뭇별과 같이 많은 자손을 주시겠다는 하나님의 약속을 믿었습니다. 아브라함이 의롭다함을 얻은 것은 그가 자식을 많이 낳거나 공적을 세워서가 아니라, 절망적인 상황에서도 하나님의 약속을 믿었기 때문입니다(창 15:5,6).

다윗은 백성들로부터 존경과 사랑을 받는 왕이었습니다. 또 장군이요, 시인이요, 음악가였습니다. 그러나 그 때문에 그가 행복한 것은 아니었습니다. 도리어 그는 간음죄를 범하고 또 그것을 감추기 위해 살인했습니다. 그로 인해 뼈가 쇠하는 고통으로 괴로워했습니다. 그러나 다윗이 죄를 자복했을 때 하나님은 그 믿음을 보시고 죄를 용서해 주셨습니다. 그는 그때의 행복을 이렇게 노래했습니다. "불법이 사함을 받고 죄가 가리어짐을 받는 사람들은 복이 있고 주께서 그 죄를 인정하지 아니하실 사람은 복이 있도다"(7,8)

구원을 의로운 일을 한 대가로 얻는 것으로 알 때 신앙생활은 늘 부담스럽습니다. 그러나 구원이란 믿기만 하면 값없이 주어진다는 것을 알 때 그 행복은 말로 다 할 수 없습니다.

기도 주님! 제가 일한 것이 없어서 늘 마음이 무거웠습니다.
이 시간 값없이 주신 하나님의 은혜를 생각하고 참으로 감사합니다.

한마디 "일을 아니할지라도"

Note

1 그런즉 육신으로 우리 조상인 아브라함이 무엇을 얻었다 하리요.
2 만일 아브라함이 행위로써 의롭다 하심을 받았으면 자랑할 것이 있으려니와 하나님 앞에서는 없느니라.
3 성경이 무엇을 말하느냐? 아브라함이 하나님을 믿으매 그것이 그에게 의로 여겨진 바 되었느니라.
4 일하는 자에게는 그 삯이 은혜로 여겨지지 아니하고 보수로 여겨지거니와
5 일을 아니할지라도 경건하지 아니한 자를 의롭다 하시는 이를 믿는 자에게는 그의 믿음을 의로 여기시나니
6 일한 것이 없이 하나님께 의로 여기심을 받는 사람의 복에 대하여 다윗이 말한 바
7 불법이 사함을 받고 죄가 가리어짐을 받는 사람들은 복이 있고
8 주께서 그 죄를 인정하지 아니하실 사람은 복이 있도다 함과 같으니라.

39 의롭다 함을 받은 자의 축복

로마서 5:1-8

요절 "그러므로 우리가 믿음으로 의롭다 하심을 받았으니…"(1)

1. 하나님과 화평하게 되었습니다(1,2)

전에 우리는 죄로 말미암아 하나님과 원수였습니다. 하나님에게 우리는 심판의 대상이었고, 우리에게 하나님은 공포의 대상이었습니다. 그러나 우리는 예수님을 믿음으로 죄사함을 받고 의롭다 여김 받게 되었습니다. 이제는 하나님을 무서워하는 대신 하나님과 화평을 누릴 수 있습니다. 또 심판을 두려워하지 않습니다. 우리는 심판 대신에 은혜에 들어갔습니다. 그리고 장차 올 하나님의 영광을 바라고 즐거워 할 수 있습니다.

2. 하나님의 사랑이 부은 바 되었습니다(3-8)

믿음으로 말미암아 의롭다 하심을 받은 사람들은 심지어 환난 가운데서도 즐거워합니다. 환난은 인내를, 인내는 연단을, 연단은 소망을 이룬다는 것을 알기 때문입니다. 어떻게 이것을 알 수 있습니까? 예수님을 믿을 때 성령이 우리에게 임하시고, 그 성령이 우리 마음에 하나님의 사랑에 대한 확신을 주기 때문입니다. 우리는 연약하고 경건치 못하고, 하나님과 원수 된 자들이었습니다. 그런데 그리스도께서 우리를 위해 죽으셨습니다. 우리가 죄인이었을 때 그리스도께서 우리를 위해 죽으셨다면, 믿음으로 의롭다 하심을 받은 우리를 향한 그의 사랑은 얼마나 더 크겠습니까? 그래서 믿는 사람들은 심지어 환난 가운데서도 그를 통해 이루실 연단과 소망을 생각하고 즐거워합니다.

기도 주님! 이제 제가 주님을 즐거워하겠습니다.
심지어 환난 가운데서도 주님의 사랑을 믿고 즐거워하겠습니다.

한마디 "그리스도로 말미암은 축복을 누리자!"

Note

1 그러므로 우리가 믿음으로 의롭다 하심을 받았으니 우리 주 예수 그리스도로 말미암아 하나님과 화평을 누리자.
2 또한 그로 말미암아 우리가 믿음으로 서 있는 이 은혜에 들어감을 얻었으며 하나님의 영광을 바라고 즐거워하느니라.
3 다만 이뿐 아니라 우리가 환난 중에도 즐거워하나니 이는 환난은 인내를,
4 인내는 연단을, 연단은 소망을 이루는 줄 앎이로다.
5 소망이 우리를 부끄럽게 하지 아니함은 우리에게 주신 성령으로 말미암아 하나님의 사랑이 우리 마음에 부은 바 됨이니
6 우리가 아직 연약할 때에 기약대로 그리스도께서 경건하지 않은 자를 위하여 죽으셨도다.
7 의인을 위하여 죽는 자가 쉽지 않고 선인을 위하여 용감히 죽는 자가 혹 있거니와
8 우리가 아직 죄인 되었을 때에 그리스도께서 우리를 위하여 죽으심으로 하나님께서 우리에 대한 자기의 사랑을 확증하셨느니라.

40 그리스도와 연합한 자

로마서 6:1-11

요절 "그리스도 예수와 합하여 세례를 받은 우리는…"(3)

우리는 하나님의 은혜로 죄 사함을 받았습니다. 그러므로 죄가 클수록 은혜도 큽니다. 그런데 어떤 자들은 "그렇다면 하나님의 은혜를 더하기 위해서 죄를 더 많이 지어야 하겠네?" 하면서 이 진리를 비웃었습니다.

그러나 절대로 그럴 수는 없습니다. 왜냐하면 우리는 예수님과 합하여 세례 받았기 때문입니다. 세례는 '연합'입니다. 우리가 예수님이 나의 죄를 대신해서 돌아가신 그리스도이심을 믿고 세례를 받을 때 우리는 예수님과 연합하여 죽습니다(3,4). 나의 옛 사람은 이기적이고, 교만하고, 정욕되고, 미움으로 가득합니다. 그래서 끊임없이 죄의 소욕으로 시달렸습니다. 그러나 그 옛 사람은 예수님의 죽음과 함께 죽어버렸습니다. 죄 가운데 있던 사람이 죽어버렸는데, 어떻게 죄 가운데서 거할 수 있겠습니까? 아직도 죄에 거하고자 하는 생각을 한다면 그것은 예수님과 연합하지 않았기 때문입니다.

그리스도의 죽으심과 연합한 자는 그리스도의 부활과도 연합하였습니다(5). 즉 우리는 예수님을 믿음으로써 예수님과 함께 부활하여 새로운 생명을 얻었습니다. 그 생명은 그리스도의 생명이 숨쉬는 생명입니다. 이제 우리는 죄에 대해서는 죽은 자요, 하나님에 대해서는 산 자 입니다(11). 이제는 드러나지 않게 죄 지을 방법을 생각하는 것이 아니라, 어떻게 하면 하나님을 기쁘시게 하는 삶을 살 수 있을까만을 생각합니다.

기도 주님! 제가 새로운 생명을 얻은 사람입니다.
제가 어떻게 죄 지을 생각을 할 수 있겠습니까?

한마디 "새롭게 얻은 생명으로 새로운 삶을!"

Note

1 그런즉 우리가 무슨 말을 하리요? 은혜를 더하게 하려고 죄에 거하겠느냐?
2 그럴 수 없느니라. 죄에 대하여 죽은 우리가 어찌 그 가운데 더 살리요.
3 무릇 그리스도 예수와 합하여 세례를 받은 우리는 그의 죽으심과 합하여 세례를 받은 줄을 알지 못하느냐?
4 그러므로 우리가 그의 죽으심과 합하여 세례를 받음으로 그와 함께 장사되었나니 이는 아버지의 영광으로 말미암아 그리스도를 죽은 자 가운데서 살리심과 같이 우리로 또한 새 생명 가운데서 행하게 하려 함이라.
5 만일 우리가 그의 죽으심과 같은 모양으로 연합한 자가 되었으면 또한 그의 부활과 같은 모양으로 연합한 자도 되리라.
6 우리가 알거니와 우리의 옛 사람이 예수와 함께 십자가에 못 박힌 것은 죄의 몸이 죽어 다시는 우리가 죄에게 종 노릇 하지 아니하려 함이니
7 이는 죽은 자가 죄에서 벗어나 의롭다 하심을 얻었음이라.
8 만일 우리가 그리스도와 함께 죽었으면 또한 그와 함께 살 줄을 믿노니
9 이는 그리스도께서 죽은 자 가운데서 살아나셨으매 다시 죽지 아니하시고 사망이 다시 그를 주장하지 못할 줄을 앎이로라.
10 그가 죽으심은 죄에 대하여 단번에 죽으심이요, 그가 살아 계심은 하나님께 대하여 살아 계심이니
11 이와 같이 너희도 너희 자신을 죄에 대하여는 죽은 자요, 그리스도 예수 안에서 하나님께 대하여는 살아 있는 자로 여길지어다.

41 죄의 무기, 의의 무기

로마서 6:12-23

요절 "…너희 지체를 의의 무기로 하나님께 드리라."(13)

1. 죄의 무기, 의의 무기(12-14)

우리가 예수님을 믿음으로써 죄 사함을 받았지만 아직도 죄악 된 몸을 가지고 있기 때문에 '몸의 사욕(邪慾)'이 남아 있습니다. 그렇다고 해서 죄가 우리 몸에 왕 노릇하게 할 수도, 몸의 사욕에 순종할 수도 없습니다(12). 그렇다면 우리가 어떻게 해야 합니까? 우리의 지체를 하나님께 드리면 됩니다(13). 나의 몸, 즉 손과 발과 입과 눈, 그리고 몸으로 하는 생활과 생각, 이 모든 것을 하나님이 쓰시도록 내드리면 됩니다. 우리의 몸은 무기, 즉 도구입니다. 도구는 누가 쓰느냐에 따라 이기(利器)가 될 수도 있고 흉기(凶器)가 될 수도 있습니다. 우리가 우리의 몸을 하나님이 쓰시도록 하나님께 드리면 죄가 우리를 주장하지 못하고(14), 그래서 우리의 몸은 의의 도구가 됩니다.

2. 죄의 종, 의의 종 (15-23)

사람들은 자기 마음과 의지대로 죄를 짓는다고 생각합니다. 그러나 그것은 착각입니다. 우리가 죄를 짓는 것은 우리가 죄의 종이 되었기 때문입니다. 우리가 죄를 지으면 죄의 종이 되고, 의를 행하면 의의 종이 됩니다. 죄의 종 된 삶은 당장에는 재미있고 이익이 따르는 것 같습니다. 그러나 결국에는 부끄러운 열매를 맺고 마지막에는 사망에 이릅니다(21). 그러나 의의 종 된 삶은 당장에는 손해 보는 것 같지만 결국에는 거룩한 열매를 맺고 마지막에는 영생을 얻습니다(22).

기도 주님! 제가 어떻게 더 이상 죄의 도구가 될 수 있겠습니까? 주님께서 제 몸과 마음을 마음대로 쓰시기를 기도드립니다.

한마디 "나의 몸은 주님의 도구"

Note

12 그러므로 너희는 죄가 너희 죽을 몸을 지배하지 못하게 하여 몸의 사욕에 순종하지 말고
13 또한 너희 지체를 불의의 무기로 죄에게 내주지 말고 오직 너희 자신을 죽은 자 가운데서 다시
살아난 자 같이 하나님께 드리며 너희 지체를 의의 무기로 하나님께 드리라.
14 죄가 너희를 주장하지 못하리니 이는 너희가 법 아래에 있지 아니하고 은혜 아래에 있음이라.
15 그런즉 어찌하리요? 우리가 법 아래에 있지 아니하고 은혜 아래에 있으니 죄를 지으리요. 그럴 수
없느니라.
16 너희 자신을 종으로 내주어 누구에게 순종하든지 그 순종함을 받는 자의 종이 되는 줄을 너희가
알지 못하느냐? 혹은 죄의 종으로 사망에 이르고 혹은 순종의 종으로 의에 이르느니라.
17 하나님께 감사하리로다. 너희가 본래 죄의 종이더니 너희에게 전하여 준 바 교훈의 본을 마음으로
순종하여
18 죄로부터 해방되어 의에게 종이 되었느니라.
19 너희 육신이 연약하므로 내가 사람의 예대로 말하노니 전에 너희가 너희 지체를 부정과 불법에
내주어 불법에 이른 것 같이 이제는 너희 지체를 의에게 종으로 내주어 거룩함에 이르라.
20 너희가 죄의 종이 되었을 때에는 의에 대하여 자유로웠느니라.
21 너희가 그 때에 무슨 열매를 얻었느냐? 이제는 너희가 그 일을 부끄러워하나니 이는 그 마지막이
사망임이라.
22 그러나 이제는 너희가 죄로부터 해방되고 하나님께 종이 되어 거룩함에 이르는 열매를 맺었으니
그 마지막은 영생이라.
23 죄의 삯은 사망이요, 하나님의 은사는 그리스도 예수 우리 주 안에 있는 영생이니라.

42

영적인 갈등과 성장

로마서 7:14-25

요절 "우리 주 예수 그리스도로 말미암아 하나님께 감사하리로다."(25)

인간은 하나님의 형상대로 지음 받았기 때문에 선한 본성을 가지고 있습니다. 그러나 범죄하고 타락했기 때문에 악한 본성도 지니고 있습니다. 한마디로 인간은 '선악한 존재'입니다. 그런데 문제는 인간이 결국에 가서는 악한 본성에 지고 만다는 것입니다. 바울은 선을 행하고자 노력했지만 그가 원하는 바 선은 행하지 않고 원하지 아니하는 바 악은 행하는 자신을 발견했습니다(19). 그는 신과 악의 싸움에서 번번이 악의 세력 앞에 무릎을 꿇게 되는 모순되고 연약한 자신 때문에 절망했습니다. "오호라 나는 곤고한 사람이로다. 이 사망의 몸에서 누가 나를 건져내랴?"(24)

그러나 바울의 갈등과 번민은 절망으로 끝나지 않았습니다. 그는 번민 끝에 아무리 노력해도 죄에 무릎을 꿇고 심판 당할 수밖에 없는 모순투성이인 비참한 인생들을 구원하러 오신 예수님의 은혜를 더욱 깊이 깨닫고 감사했습니다. "우리 주 예수 그리스도로 말미암아 하나님께 감사하리로다."(25a)

세상 사람들은 죄의 본성을 따라 살면 되기 때문에 별로 갈등이 없습니다. 그러나 예수님을 믿는 사람들은 선한 본성을 따르고자 하고 하나님의 성품을 닮고자 하기 때문에 육신의 소욕이나 죄악된 본성과 끊임없이 갈등하고 번민합니다. 그래서 고통스럽습니다. 그러나 이러한 갈등과 번민을 감당하고 영적인 투쟁을 할 때, 그리스도의 은혜를 더 깊이 체험하며 영적으로 성장합니다.

기도 주님! 제가 영적인 갈등을 피하지 않겠습니다.
이를 잘 감당함으로써 매일 영적으로 자라도록 도와주십시오.

한마디 "영적투쟁과 성장"

Note

14 우리가 율법은 신령한 줄 알거니와 나는 육신에 속하여 죄 아래에 팔렸도다.
15 내가 행하는 것을 내가 알지 못하노니 곧 내가 원하는 것은 행하지 아니하고 도리어 미워하는
것을 행함이라.
16 만일 내가 원하지 아니하는 그것을 행하면 내가 이로써 율법이 선한 것을 시인하노니
17 이제는 그것을 행하는 자가 내가 아니요, 내 속에 거하는 죄니라.
18 내 속 곧 내 육신에 선한 것이 거하지 아니하는 줄을 아노니 원함은 내게 있으나 선을 행하는 것은
없노라.
19 내가 원하는 바 선은 행하지 아니하고 도리어 원하지 아니하는 바 악을 행하는도다.
20 만일 내가 원하지 아니하는 그것을 하면 이를 행하는 자는 내가 아니요, 내 속에 거하는 죄니라.
21 그러므로 내가 한 법을 깨달았노니 곧 선을 행하기 원하는 나에게 악이 함께 있는 것이로다.
22 내 속사람으로는 하나님의 법을 즐거워하되
23 내 지체 속에서 한 다른 법이 내 마음의 법과 싸워 내 지체 속에 있는 죄의 법으로 나를 사로잡는 것을
보는도다.
24 오호라, 나는 곤고한 사람이로다! 이 사망의 몸에서 누가 나를 건져내랴?
25 우리 주 예수 그리스도로 말미암아 하나님께 감사하리로다! 그런즉 내 자신이 마음으로는
하나님의 법을 육신으로는 죄의 법을 섬기노라.

43 영을 따르는 삶

로마서 8:1-11

요절 "육신을 따르는 자는 육신의 일을, 영을 따르는 자는 영의 일을 생각하나니"(5)

인간의 연약함과 모순 때문에 절망하던 바울이 하나님께 감사하게 된 것은 그리스도 예수 안에 있는 자에게는 결코 정죄함이 없다는 것을 깨달았기 때문입니다(1). 뿐만 아니라 그는 성령께서 모순되고 연약한 인간을 죄와 죽음의 세력에서 해방시켜 준다는 것도 알게 되었습니다(2). 신자는 그 속에 성령, 즉 그리스도의 영을 간직한 사람들입니다(9). 우리가 우리 속에 있는 성령을 의지할 때 인간으로서의 모순과 연약함을 극복하고 성숙한 사람들이 될 수 있습니다.

그런데 많은 신자들이 성령이 계심을 알지 못하고 '육신을 따르는 생활'을 합니다. 여기서 '육신을 따른다'는 것은 영을 따르는 생활과는 반대로 자신의 노력과 의지를 기초로 신앙생활 하는 것을 말합니다. 그들은 비장하게 결심하고, 거창한 계획을 세우고, 열심히 노력합니다. 그러나 사람이란 근본적으로 모순되고 연약하기 때문에 그들은 곧 지치고 절망하며, 하나님의 능력에 대한 회의에 빠집니다. 한편 성공하는 사람들은 자신의 성실과 노력을 믿고 자신이 옳다는 생각에 빠져 하나님께 굴복하지 않으며, 하나님을 기쁘시게 할 수 없습니다(7,8).

자신의 죄악됨과 연약함을 겸손하게 인정하고, 겸손하게 성령의 도우심을 의지하는 사람들은 생명과 평안이 있고(6), 자신의 고집대로 하기 보다 하나님을 기쁘시게 합니다.

기도 주님! 제가 육신의 일을 생각하기 보다 영의 일을 생각하므로 영을 따르는 자가 되게 해 주십시오.

한마디 "영의 일을 생각하라."

Note

1 그러므로 이제 그리스도 예수 안에 있는 자에게는 결코 정죄함이 없나니
2 이는 그리스도 예수 안에 있는 생명의 성령의 법이 죄와 사망의 법에서 너를 해방하였음이라.
3 율법이 육신으로 말미암아 연약하여 할 수 없는 그것을 하나님은 하시나니 곧 죄로 말미암아
자기 아들을 죄 있는 육신의 모양으로 보내어 육신에 죄를 정하사
4 육신을 따르지 않고 그 영을 따라 행하는 우리에게 율법의 요구가 이루어지게 하려 하심이니라.
5 육신을 따르는 자는 육신의 일을, 영을 따르는 자는 영의 일을 생각하나니
6 육신의 생각은 사망이요 영의 생각은 생명과 평안이니라.
7 육신의 생각은 하나님과 원수가 되나니 이는 하나님의 법에 굴복하지 아니할 뿐 아니라 할 수도
없음이라.
8 육신에 있는 자들은 하나님을 기쁘시게 할 수 없느니라.
9 만일 너희 속에 하나님의 영이 거하시면 너희가 육신에 있지 아니하고 영에 있나니 누구든지
그리스도의 영이 없으면 그리스도의 사람이 아니라.
10 또 그리스도께서 너희 안에 계시면 몸은 죄로 말미암아 죽은 것이나 영은 의로 말미암아
살아 있는 것이니라.
11 예수를 죽은 자 가운데서 살리신 이의 영이 너희 안에 거하시면 그리스도 예수를 죽은 자 가운데서
살리신 이가 너희 안에 거하시는 그의 영으로 말미암아 너희 죽을 몸도 살리시리라.

44 합력하여 선을 이루시는 하나님

로마서 8:26-30

요절 "…모든 것이 합력하여 선을 이루느니라."(28)

하나님을 사랑하는 자 곧 그 뜻대로 부르심을 입은 신자들에게는 그 모든 것이 합력하여 선을 이룹니다(28). 하나님께서 이루시는 '선한 뜻'은 우리가 그의 아들 예수님과 같은 형상을 닮게 하는 것이요, 그래서 영광스러운 하나님 나라에 합당한 사람들로 자라게 하는 것입니다(29). 하나님께서 우리를 구원하시기로 미리 정하시고, 때가 되매 부르시고, 또 우리에게 믿음을 주셔서 의롭다 하신 것은 바로 이 선한 뜻을 이루시기 위함이었습니다. 사람은 연약하고 죄악 됩니다. 그래서 자주 실패하고 절망합니다. 그러나 우리를 부르시고 의롭다 하신 하나님께서 그의 모든 것을 합력하여 반드시 그의 선하신 뜻대로 우리를 영화롭게 하십니다.

뿐만 아니라 성령께서 우리를 도우십니다. 우리는 너무 연약하여 때로는 기도할 힘조차 잃어버립니다. 또 무지하여 무엇을 위해 기도해야 할지도 알지 못합니다. 그러나 성령이 우리의 연약함과 무지함을 아십니다. 우리는 끙끙거리며 기도할지라도 성령이 하나님의 뜻대로 우리를 위해 기도해 주십니다(26).

신자의 삶은 마치 모자이크와 같습니다. 모자이크는 부분적으로만 보면 깨진 돌 조각을 조각조각 붙여 놓은 것 같습니다. 그러나 멀리서 그 전체를 보면 하나의 아름다운 작품입니다. 이처럼 하나님은 우리 삶의 아픔과 슬픔, 실패와 절망조차도 합하여 예수님의 형상이라는 영화로운 작품으로 만드십니다. 이를 믿을 때 우리는 어떤 힘든 일이 닥쳐도 이겨낼 수 있습니다.

기도 주님! 주께서 제 삶의 모든 일을 통해서 제가 주님의 형상을 닮도록 도우시며 영화롭게 하실 것을 믿습니다.

한마디 "합력하여 선을 이루시는 하나님"

Note

26 이와 같이 성령도 우리의 연약함을 도우시나니 우리는 마땅히 기도할 바를 알지 못하나
오직 성령이 말할 수 없는 탄식으로 우리를 위하여 친히 간구하시느니라.
27 마음을 살피시는 이가 성령의 생각을 아시나니 이는 성령이 하나님의 뜻대로 성도를 위하여
간구하심이니라.
28 우리가 알거니와 하나님을 사랑하는 자 곧 그의 뜻대로 부르심을 입은 자들에게는 모든 것이
합력하여 선을 이루느니라.
29 하나님이 미리 아신 자들을 또한 그 아들의 형상을 본받게 하기 위하여 미리 정하셨으니 이는
그로 많은 형제 중에서 맏아들이 되게 하려 하심이니라.
30 또 미리 정하신 그들을 또한 부르시고 부르신 그들을 또한 의롭다 하시고 의롭다 하신 그들을
또한 영화롭게 하셨느니라.

제 45 일 – 제 50 일

세상 속의 신자

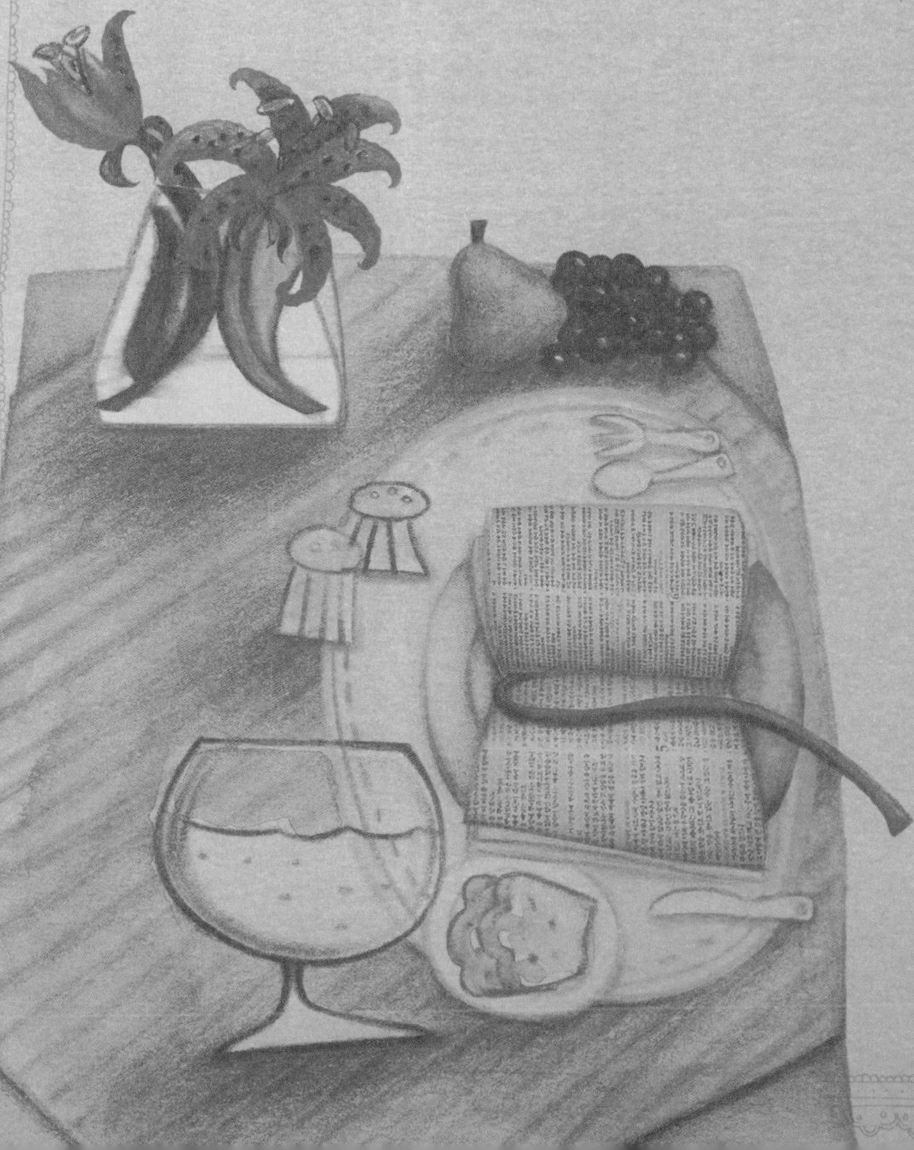

45 뜻을 정한 다니엘

다니엘 1:1-21

요절 "다니엘은 뜻을 정하여 … 자기를 더럽히지 아니하리라 하고"(8)

바벨론 왕 느부갓네살은 예루살렘을 침공하여 많은 젊은이들을 포로로 잡아갔습니다. 그는 가문과 용모와 재주가 뛰어난 유다 청년들을 궁중 장학생으로 선발하여 3년 동안 그들의 언어와 학문을 가르치고자 했습니다. 그들을 길러서 장차 궁중관리로 세움으로써 식민지 백성을 동화시키고 그들을 效과적으로 지배하고자 함이었습니다. 다니엘도 그 중의 한 명으로 뽑혔습니다. 그의 조국은 바벨론의 식민지가 되었지만 그의 앞에는 출세길이 열렸습니다.

그러나 다니엘은 왕이 제공하는 음식과 포도주로 자기를 더럽히지 않기로 뜻을 정했습니다. 왕의 음식 중에는 율법에 금한 음식들이 많고 대부분 우상 앞에 바쳐진 음식이었기 때문입니다. 다니엘이 이렇게 뜻을 정하면 궁중 유학생으로서의 특권과 축복을 잃을 뿐 아니라, 왕명을 거스렸다하여 목숨까지 위태로워질 수 있었습니다. 그렇게까지 되지 않는다고 해도 함께 공부하는 장학생들로부터 소외당하고 외톨이가 될 수 있었습니다. 그러나 그는 뜻을 정함으로써 하나님으로부터 멀어지게 하는 이방문화를 이기고 믿음을 지키고자 했습니다.

하나님은 뜻을 정한 다니엘을 여러모로 도우셨습니다. 환관장에게 은혜를 입게 하심으로써 다니엘이 정한 뜻대로 할 수 있도록 해 주셨습니다(9). 또 왕의 진미를 먹는 다른 젊은이들보다 더 아름답고 윤택하게 해 주셨습니다(15). 뿐만 아니라 다니엘에게 가장 뛰어난 지혜와 총명을 주셨습니다(20).

기도 주님! 제가 이 혼탁한 세상에서 뜻을 정하고 살므로써
믿음의 순결을 지키도록 도와주십시오.

한마디 "다니엘은 뜻을 정하여"

Note

1 유다 왕 여호야김이 다스린 지 삼 년이 되는 해에 바벨론 왕 느부갓네살이 예루살렘에 이르러 성을 에워쌌더니
2 주께서 유다 왕 여호야김과 하나님의 전 그릇 얼마를 그의 손에 넘기시매 그가 그것을 가지고 시날 땅 자기 신들의 신전에 가져다가 그 신들의 보물 창고에 두었더라.
3 왕이 환관장 아스부나스에게 말하여 이스라엘 자손 중에서 왕족과 귀족 몇 사람
4 곧 흠이 없고 용모가 아름다우며 모든 지혜를 통찰하며 지식에 통달하며 학문에 익숙하여 왕궁에 설 만한 소년을 데려오게 하였고 그들에게 갈대아 사람의 학문과 언어를 가르치게 하였고
5 또 왕이 지정하여 그들에게 왕의 음식과 그가 마시는 포도주에서 날마다 쓸 것을 주어 삼 년을 기르게 하였으니 그 후에 그들은 왕 앞에 서게 될 것이더라.
6 그들 가운데는 유다 자손 곧 다니엘과 하나냐와 미사엘과 아사랴가 있었더니
7 환관장이 그들의 이름을 고쳐 다니엘은 벨드사살이라 하고 하나냐는 사드락이라 하고 미사엘은 메삭이라 하고 아사랴는 아벳느고라 하였더라.
8 다니엘은 뜻을 정하여 왕의 음식과 그가 마시는 포도주로 자기를 더럽히지 아니하리라 하고 자기를 더럽히지 아니하도록 환관장에게 구하니
9 하나님이 다니엘로 하여금 환관장에게 은혜와 긍휼을 얻게 하신지라.
10 환관장이 다니엘에게 이르되 "내가 내 주 왕을 두려워하노라. 그가 너희 먹을 것과 너희 마실 것을 지정하셨거늘 너희의 얼굴이 초췌하여 같은 또래의 소년들만 못한 것을 그가 보게 할 것이 무엇이냐? 그렇게 되면 너희 때문에 내 머리가 왕 앞에서 위태롭게 되리라." 하니라.
11 환관장이 다니엘과 하나냐와 미사엘과 아사랴를 감독하게 한 자에게 다니엘이 말하되
12 "청하오니 당신의 종들을 열흘 동안 시험하여 채식을 주어 먹게 하고 물을 주어 마시게 한 후에
13 당신 앞에서 우리의 얼굴과 왕의 음식을 먹는 소년들의 얼굴을 비교하여 보아서 당신이 보는 대로 종들에게 행하소서." 하매
14 그가 그들의 말을 따라 열흘 동안 시험하더니
15 열흘 후에 그들의 얼굴이 더욱 아름답고 살이 더욱 윤택하여 왕의 음식을 먹는 다른 소년들보다 더 좋아 보인지라.
16 그리하여 감독하는 자가 그들에게 지정된 음식과 마실 포도주를 제하고 채식을 주니라.
17 하나님이 이 네 소년에게 학문을 주시고 모든 서적을 깨닫게 하시고 지혜를 주셨으니 다니엘은 또 모든 환상과 꿈을 깨달아 알더라.
18 왕이 말한 대로 그들을 불러들일 기한이 찼으므로 환관장이 그들을 느부갓네살 앞으로 데리고 가니
19 왕이 그들과 말하여 보매 무리 중에 다니엘과 하나냐와 미사엘과 아사랴와 같은 자가 없으므로 그들을 왕 앞에 서게 하고
20 왕이 그들에게 모든 일을 묻는 중에 그 지혜와 총명이 온 나라 박수와 술객보다 십 배나 나은 줄을 아니라.
21 다니엘은 고레스 왕 원년까지 있으니라.

46 복 있는 자

마태복음 5:1-12

요절 "심령이 가난한 자는 복이 있나니 천국이 그들의 것임이요"(3)

마태복음 5장부터 7장까지를 예수님의 '산상보훈'이라 합니다. 이 말씀은 신자의 인격적, 도덕적 수준이 어느 정도여야 하는지 가르쳐 줍니다. 오늘 말씀에는 '… 한 자는 복이 있나니'라는 말이 되풀이 됩니다. 어떤 사람에게 복이 있습니까?

① **심령이 가난한 자**: 자신의 부족함을 알기 때문에 늘 배우고자 하는 사람입니다. 이런 사람은 천국의 기쁨을 갖습니다.

② **애통하는 자**: 자신과 이웃과 나의 죄 때문에 슬퍼하며 회개하는 사람입니다. 이런 사람만이 하나님이 주시는 위로를 받습니다.

③ **온유한 자**: 마음이 넓어서 남들을 포용하고 남에게 양보하는 사람입니다. 이런 사람이 땅을 얻고 사람을 얻습니다.

④ **의에 주리고 목마른 자**: 예수님과 그의 말씀을 간절히 사모하고 갈급해 하는 사람입니다. 이런 사람이 진정한 만족을 얻습니다.

⑤ **긍휼히 여기는 자**: 사람들에게 요구하지 않고 이해하고 감당해 주는 사람입니다. 이런 사람은 하나님께 긍휼히 여김을 받습니다.

⑥ **마음이 청결한 자**: 마음에 거짓이 없고 생활에 이중성이 없는 사람입니다. 이런 사람은 하나님을 볼 수 있습니다.

⑦ **화평하게 하는 자**: 사람과 사람 사이를 화평하게 하는 사람입니다. 이런 사람이 하나님의 사람이라 인정받습니다.

⑧ **의를 위하여 박해를 받은 자**: 그리스도를 위해 박해를 받은 자는 하늘에서 상이 큽니다. 참된 복은 하나님으로부터 옵니다.

기도 주님! 제가 본능대로 살지 않고 바른 마음을 품을 수 있도록 도와주십시오.

한마디 "내가 품어야 할 마음"

Note

1 예수께서 무리를 보시고 산에 올라가 앉으시니 제자들이 나아온지라.
2 입을 열어 가르쳐 이르시되
3 심령이 가난한 자는 복이 있나니 천국이 그들의 것임이요.
4 애통하는 자는 복이 있나니 그들이 위로를 받을 것임이요.
5 온유한 자는 복이 있나니 그들이 땅을 기업으로 받을 것임이요.
6 의에 주리고 목마른 자는 복이 있나니 그들이 배부를 것임이요.
7 긍휼히 여기는 자는 복이 있나니 그들이 긍휼히 여김을 받을 것임이요.
8 마음이 청결한 자는 복이 있나니 그들이 하나님을 볼 것임이요.
9 화평하게 하는 자는 복이 있나니 그들이 하나님의 아들이라 일컬음을 받을 것임이요.
10 의를 위하여 박해를 받은 자는 복이 있나니 천국이 그들의 것임이라.
11 나로 말미암아 너희를 욕하고 박해하고 거짓으로 너희를 거슬러 모든 악한 말을 할 때에는 너희에게 복이 있나니
12 기뻐하고 즐거워하라. 하늘에서 너희의 상이 큼이라. 너희 전에 있던 선지자들도 이같이 박해하였느니라.

47

너희는 세상의 소금이라

마태복음 5:13-16

요절 "너희는 세상의 소금이니…"(13)

오늘 말씀은 예수님의 제자들이 세상에서 어떤 위치에 있으며 어떤 역할을 해야 하는가를 가르쳐 줍니다.

예수님의 제자들은 세상의 소금입니다. 소금은 부패를 방지합니다. 또 음식의 맛을 냅니다. 세상이 썩어가고 살맛이 없어져 간다면 그것은 예수님의 제자들이 그 역할을 제대로 하지 않기 때문입니다.

예수님의 제자들은 또 세상의 빛입니다. 어두움 속에서는 아주 작은 불빛도 눈에 띄게 마련입니다. 어두운 세상에서 예수님의 제자들이 착한 행실을 할 때, 세상 사람들이 그 행실을 보고 하나님께 영광을 돌립니다. 거기서 희망을 보고, 삶의 방향을 찾고, 그런 삶을 따라 살고자 합니다. 그래서 예수님의 제자들의 행실이 착하면 온 세상이 밝아집니다.

예수님의 제자들이 세상의 소금과 빛으로서 영향을 미치는 사람들이 되려면 세상 사람들과 다른 삶을 살아야 합니다. 세상 사람들과 똑같이 살아서는 영향력 있는 사람이 될 수 없습니다. 세상과 다른 삶을 살고 예수님을 닮은 삶을 살기 위해 자신을 엄격하게 훈련해야 합니다. 더 나아가서 희생을 배워야 합니다. 소금이 소금으로써의 역할을 하려면 녹아야 합니다. 또 촛불이 빛을 내려면 그 몸이 녹아야 합니다. 아무런 고난도 없이, 하나도 손해 보지 않고 소금과 빛의 역할을 할 수는 없습니다.

기도 주님! 저의 위치와 역할이 중요함을 깨닫고 다시 옷깃을 여밉니다. 잘 감당하도록 도와주십시오.

한마디 "세상에서의 나의 위치와 역할"

Note

13 너희는 세상의 소금이니 소금이 만일 그 맛을 잃으면 무엇으로 짜게 하리요, 후에는 아무 쓸 데
없어 다만 밖에 버려져 사람에게 밟힐 뿐이니라.
14 너희는 세상의 빛이라. 산 위에 있는 동네가 숨겨지지 못할 것이요.
15 사람이 등불을 켜서 말 아래에 두지 아니하고 등경 위에 두나니 이러므로 집 안 모든 사람에게
비치느니라.
16 이같이 너희 빛이 사람 앞에 비치게 하여 그들로 너희 착한 행실을 보고 하늘에 계신 너희 아버지께
영광을 돌리게 하라.

48 신자의 도덕적 수준

마태복음 5:21-32

요절 "…음욕을 품고 여자를 보는 자마다 … 이미 간음하였느니라."(28)

오늘 말씀은 예수님의 사람들이 얼마나 엄격한 도덕적 수준을 가지고 살아야 하는가를 가르쳐줍니다.

율법에는 살인하지 말라고 했습니다(출 20:13). 그런데 사람의 목숨을 끊어놓는 것만이 살인은 아닙니다. 하나님은 살인을 금하시면서 이렇게 말씀하셨습니다. "다른 사람의 피를 흘리면 그 사람의 피도 흘릴 것이니, 이는 하나님이 자기 형상대로 사람을 지으셨음이니라."(창 9:6) 하나님께서 살인을 엄히 금하신 것은 살인이 인간의 천부적인 존엄성을 멸시하는 것이기 때문입니다. 그러므로 예수님은 형제에게 노하거나, 바보 혹은 미련한 놈이라고 욕함으로써 형제의 존엄성을 멸시하고 인격을 모독하는 자도 살인하는 자요, 지옥 불에 들어가게 된다고 말씀하십니다.

율법에는 "간음하지 말라"고 했습니다(출 20:14). 간음은 다른 모든 도덕을 무너뜨립니다. 또 모든 것을 육신적으로 보게 하고 쾌락을 위해 살게 함으로써 건강한 가치관을 파괴합니다. 그러나 육신적인 간음만이 간음이 아닙니다. 예수님은 여자를 보고 음욕을 품는 자마다 마음에 이미 간음하였다고 말씀하십니다(28).

사실 살인이나 간음은 마음에서부터 출발합니다. 예수님의 제자들은 마음의 살인, 마음의 간음까지도 죄로 여길 만큼 높고 엄격한 도덕 기준을 가져야 합니다. 눈을 뽑고 손을 찍어버릴 정도로 자신을 엄격하게 다스려야 합니다.

기도 주님! 제가 높은 도덕적 기준을 가지고 살며,
자신을 엄격하게 다스리도록 도와주십시오.

한마디 "범죄는 마음에서 출발한다."

Note

21 옛 사람에게 말한 바 '살인하지 말라. 누구든지 살인하면 심판을 받게 되리라 하였다.' 는 것을
너희가 들었으나
22 나는 너희에게 이르노니 형제에게 노하는 자마다 심판을 받게 되고 형제를 대하여 '라가' 라 하는
자는 공회에 잡혀가게 되고 미련한 놈이라 하는 자는 지옥 불에 들어가게 되리라.
23 그러므로 예물을 제단에 드리려다가 거기서 네 형제에게 원망들을 만한 일이 있는 것이 생각나거든
24 예물을 제단 앞에 두고 먼저 가서 형제와 화목하고 그 후에 와서 예물을 드리라.
25 너를 고발하는 자와 함께 길에 있을 때에 급히 사화하라. 그 고발하는 자가 너를 재판관에게 내어
주고 재판관이 옥리에게 내어 주어 옥에 가둘까 염려하라.
26 진실로 네게 이르노니 네가 한 푼이라도 남김이 없이 다 갚기 전에는 결코 거기서 나오지 못하리라.
27 또 간음하지 말라 하였다는 것을 너희가 들었으나
28 나는 너희에게 이르노니 음욕을 품고 여자를 보는 자마다 마음에 이미 간음하였느니라.
29 만일 네 오른 눈이 너로 실족하게 하거든 빼어 내버리라 네 백체 중 하나가 없어지고 온 몸이 지옥에
던져지지 않는 것이 유익하며
30 또한 만일 네 오른손이 너로 실족하게 하거든 찍어 내버리라 네 백체 중 하나가 없어지고 온 몸이
지옥에 던져지지 않는 것이 유익하니라.
31 또 일렀으되 누구든지 아내를 버리려거든 이혼 증서를 줄 것이라 하였으나
32 나는 너희에게 이르노니 누구든지 음행한 이유 없이 아내를 버리면 이는 그로 간음하게 함이요,
또 누구든지 버림받은 여자에게 장가드는 자도 간음함이니라.

49

신자의 사랑의 수준

마태복음 5:38-48

요절 "나는 너희에게 이르노니 너희 원수를 사랑하며…"(44)

1. 악한 자에게 오히려 선을 행하라 (38-42)

구약의 율법은 "눈은 눈으로, 이는 이로 갚으라"고 했습니다. 하나님께서 이런 율법을 두신 뜻은 범죄를 철저하게 응징함으로써 범죄를 막고자 하셨고, 또 자신이 해를 당한 데 대해 더욱 크게 복수함으로써 범죄가 악순환 되고 더욱 커지는 것을 막고자 하심이었습니다. 그러므로 예수님은 악한 자를 대적하지 말라고 가르치십니다. 오른편 뺨을 치거든 왼편도 돌려대며, 억지로 오리를 가게 하거든 그 사람과 십리를 동행하라고 하십니다.

악은 악을 이길 수 없습니다. 선만이 악을 이길 수 있습니다. 예수님의 사람들은 악을 행하지 않을 정도가 아니라 악을 이겨야 합니다.

2. 너희 원수를 사랑하라 (43-48)

세상 사람들도 자기가 좋아하는 사람은 사랑하고, 자기를 사랑해 주는 사람은 사랑합니다. 그러나 예수님의 사람들은 이 정도가 아니라 원수를 사랑하고 박해하는 자를 위해 기도해야 합니다. 하나님은 그 해를 악인과 선인에게 똑같이 비추시며, 비를 의로운 자와 불의한 자에게 함께 내리십니다. 예수님의 사람들의 사랑의 수준은 하나님이어야 합니다.

예수님은 결론적으로 말씀하십니다. "그러므로 하늘에 계신 너희 아버지의 온전하심과 같이 너희도 온전하라." 모든 일에 있어서 믿는 사람들이 도달해야 할 수준은 하나님의 온전하심입니다.

기도 주님! 제가 세상 사람들에 비해서 부끄럽지 않을 정도가 아니라 하나님의 온전하심을 따라 살 수 있도록 도와주십시오.

한마디 "너희도 온전하라."

Note

38 또 눈은 눈으로, 이는 이로 갚으라 하였다는 것을 너희가 들었으나
39 나는 너희에게 이르노니 악한 자를 대적하지 말라 누구든지 네 오른편 뺨을 치거든 왼편도 돌려 대며
40 또 너를 고발하여 속옷을 가지고자 하는 자에게 겉옷까지도 가지게 하며
41 또 누구든지 너로 억지로 오 리를 가게 하거든 그 사람과 십 리를 동행하고
42 네게 구하는 자에게 주며 네게 꾸고자 하는 자에게 거절하지 말라.
43 또 네 이웃을 사랑하고 네 원수를 미워하라 하였다는 것을 너희가 들었으나
44 나는 너희에게 이르노니 너희 원수를 사랑하며 너희를 박해하는 자를 위하여 기도하라.
45 이같이 한즉 하늘에 계신 너희 아버지의 아들이 되리니 이는 하나님이 그 해를 악인과 선인에게 비추시며 비를 의로운 자와 불의한 자에게 내려주심이라.
46 너희가 너희를 사랑하는 자를 사랑하면 무슨 상이 있으리요? 세리도 이같이 아니하느냐?
47 또 너희가 너희 형제에게만 문안하면 남보다 더하는 것이 무엇이냐? 이방인들도 이같이 아니하느냐?
48 그러므로 하늘에 계신 너희 아버지의 온전하심과 같이 너희도 온전하라.

50 신자의 삶의 기초

마태복음 7:13-29

요절 "나의 이 말을 듣고 행하는 자는 그 집을 반석 위에 지은 지혜로운 사람 같으리니"(24)

오늘 말씀에 비추어 볼 때 인생이란 집짓기요, 사람은 집 짓는 자입니다. 그런데 사람에는 두 종류가 있습니다. 그 집을 반석 위에 짓는 사람이 있고, 모래 위에 짓는 사람이 있습니다. 이 둘은 집을 짓고 산다는 점에서 차이가 없어 보입니다. 사실 사람 사는 게 모두 비슷비슷해 보입니다. 그러나 비바람이 불고 홍수가 날 때에는 차이가 납니다. 반석 위에 지은 집은 무너지지 않지만, 모래 위에 지은 집은 무너져버립니다. 그러므로 우리는 우리 인생의 집을 반석 위에 세워야 합니다.

인생의 집을 반석 위에다 짓는다는 뜻이 무엇입니까? 예수님은 '누구든지 나의 이 말을 듣고 행하는 자는 그 집을 반석 위에 지은 지혜로운 사람'이라고 말씀하십니다. 무너지지 않는 인생의 반석은 예수님의 말씀입니다. 사람들은 흔히 돈이나 권력을 기초로 해서 인생의 집을 짓습니다. 그러나 그런 것들은 다 모래와 같습니다. 최후의 심판 때에는 다 떠내려 갑니다. 최후의 심판 때만이 아닙니다. 생각지도 않은 힘든 일을 만나서 절망해 버리거나, 갑자기 큰 행운을 만나 사람이 못 쓰게 될 수도 있습니다. 그러나 평소에 예수님의 말씀을 기초로 사는 사람은 역경에서 도리어 성숙한 사람으로 자라며, 행운의 때에도 겸손할 수 있습니다.

모래 위에 집을 짓는 것보다 반석 위에 집 짓는 일은 힘듭니다. 그러나 우리 인생의 집을 모래 위에다 지을 수는 없습니다. 누구나 최후의 심판에 부딪히지 않을 수 없기 때문입니다.

기도 주님! 제가 쉽게 살려고 했던 것을 회개합니다.
돈이나 권세 같이 떠내려가고 말 것들 위에 집 지은 것을 회개합니다.

한마디 "내 삶의 기초는 어디에 있는가?"

Note

13 좁은 문으로 들어가라. 멸망으로 인도하는 문은 크고 그 길이 넓어 그리로 들어가는 자가 많고
14 생명으로 인도하는 문은 좁고 길이 협착하여 찾는 자가 적음이라.
15 거짓 선지자들을 삼가라 양의 옷을 입고 너희에게 나아오나 속에는 노략질하는 이리라.
16 그들의 열매로 그들을 알지니 가시나무에서 포도를, 또는 엉겅퀴에서 무화과를 따겠느냐?
17 이와 같이 좋은 나무마다 아름다운 열매를 맺고 못된 나무가 나쁜 열매를 맺나니
18 좋은 나무가 나쁜 열매를 맺을 수 없고 못된 나무가 아름다운 열매를 맺을 수 없느니라.
19 아름다운 열매를 맺지 아니하는 나무마다 찍혀 불에 던져지느니라.
20 이러므로 그들의 열매로 그들을 알리라.
21 나더러 '주여, 주여.' 하는 자마다 다 천국에 들어갈 것이 아니요, 다만 하늘에 계신 내 아버지의
뜻대로 행하는 자라야 들어가리라.
22 그 날에 많은 사람이 나더러 이르되 "주여, 주여. 우리가 주의 이름으로 선지자 노릇 하며 주의
이름으로 귀신을 쫓아 내며 주의 이름으로 많은 권능을 행하지 아니하였나이까?" 하리니
23 그 때에 내가 그들에게 밝히 말하되 "내가 너희를 도무지 알지 못하니 불법을 행하는 자들아, 내게서
떠나가라." 하리라
24 그러므로 누구든지 나의 이 말을 듣고 행하는 자는 그 집을 반석 위에 지은 지혜로운 사람 같으리니
25 비가 내리고 창수가 나고 바람이 불어 그 집에 부딪치되 무너지지 아니하나니 이는 주추를 반석 위에
놓은 까닭이요,
26 나의 이 말을 듣고 행하지 아니하는 자는 그 집을 모래 위에 지은 어리석은 사람 같으리니
27 비가 내리고 창수가 나고 바람이 불어 그 집에 부딪치매 무너져 그 무너짐이 심하니라.
28 예수께서 이 말씀을 마치시매 무리들이 그의 가르치심에 놀라니
29 이는 그 가르치시는 것이 권위 있는 자와 같고 그들의 서기관들과 같지 아니함일러라.

제 51 일 – 제 55 일

기도생활

51 예수님의 하루

마가복음 1:21-39

요절 "새벽 아직도 밝기 전에 예수께서 일어나… 기도하시더니…"(35)

오늘 말씀에서 예수님의 하루가 어떠했는가를 볼 수 있습니다.

1. 쉴 틈 없이 일하신 예수님 (21-34)

어느 안식일 날 아침, 예수님은 가버나움의 회당에 들어가 가르치셨습니다. 뭇 사람이 그의 권세 있는 가르침에 놀랐습니다. 그때 미침 기기 있던 귀신들린 사람이 발광을 했는데, 예수님은 그에게서 귀신을 내쫓아 온전하게 해 주셨습니다. 회당에서 나오신 후 예수님은 그의 제자(베드로)의 집을 심방하여 그의 장모의 열병을 고쳐주셨습니다.

그런데 저물어 해질 때가 되자 사람들이 병자와 귀신들린 사람들을 모두 예수님께 데려왔습니다. 온 동네가 다 모였습니다(33). 예수님은 이들을 다 고쳐주셨습니다. 저물어 해질 때부터 병자들과 귀신들린 자들을 돌보기 시작하셨으니, 밤중까지 일하셨을 것입니다. 우리 주님께서는 하루 종일 그렇게 열심히 일하셨습니다.

2. 새벽 아직도 밝기 전에 기도하신 예수님 (34-39)

예수님은 아침부터 밤중까지 일하셨지만 새벽 아직도 밝기 전에 일어나셔서 한적한 곳으로 가사 거기서 기도하셨습니다(35). 제자들은 예수님이 기도하시는 곳에 찾아와서 많은 사람들이 찾으니 가보셔야 하겠다고 보고했습니다. 제자들은 예수님의 인기에 흥분했습니다. 그러나 예수님은 다른 마을로 가서 전도를 해야 하겠다, 내가 이를 위해 왔다고 말씀하셨습니다. 예수님은 아무리 바쁘셔도 하루를 기도로 시작하셨습니다. 그리하심으로써 하나님께서 자신에게 주신 사명을 지키셨습니다.

기도

주님! 저도 하루를 기도로 시작하도록 도와주십시오.

한마디 "기도로 시작하는 하루"

Note

21 그들이 가버나움에 들어가니라. 예수께서 곧 안식일에 회당에 들어가 가르치시매
22 뭇 사람이 그의 교훈에 놀라니 이는 그가 가르치시는 것이 권위 있는 자와 같고 서기관들과 같지
아니함일러라.
23 마침 그들의 회당에 더러운 귀신 들린 사람이 있어 소리 질러 이르되
24 "나사렛 예수여, 우리가 당신과 무슨 상관이 있나이까? 우리를 멸하러 왔나이까? 나는 당신이 누구인
줄 아노니 하나님의 거룩한 자니이다."
25 예수께서 꾸짖어 이르시되 "잠잠하고 그 사람에게서 나오라." 하시니
26 더러운 귀신이 그 사람에게 경련을 일으키고 큰 소리를 지르며 나오는지라.
27 다 놀라 서로 물어 이르되 "이는 어찜이냐? 권위 있는 새 교훈이로다. 더러운 귀신들에게 명한즉
순종하는도다." 하더라.
28 예수의 소문이 곧 온 갈릴리 사방에 퍼지더라.
29 회당에서 나와 곧 야고보와 요한과 함께 시몬과 안드레의 집에 들어가시니
30 시몬의 장모가 열병으로 누워 있는지라. 사람들이 곧 그 여자에 대하여 예수께 여짜온대
31 나아가사 그 손을 잡아 일으키시니 열병이 떠나고 여자가 그들에게 수종드니라.
32 저물어 해 질 때에 모든 병자와 귀신 들린 자를 예수께 데려오니
33 온 동네가 그 문 앞에 모였더라.
34 예수께서 각종 병이 든 많은 사람을 고치시며 많은 귀신을 내쫓으시되 귀신이 자기를 알므로
그 말하는 것을 허락하지 아니하시니라.
35 새벽 아직도 밝기 전에 예수께서 일어나 나가 한적한 곳으로 가사 거기서 기도하시더니
36 시몬과 및 그와 함께 있는 자들이 예수의 뒤를 따라가
37 만나서 이르되 "모든 사람이 주를 찾나이다."
38 이르시되 "우리가 다른 가까운 마을들로 가자 거기서도 전도하리니 내가 이를 위하여 왔노라." 하시고
39 이에 온 갈릴리에 다니시며 그들의 여러 회당에서 전도하시고 또 귀신들을 내쫓으시더라.

52 너희는 이렇게 기도하라

마태복음 6:9-13

요절 "그러므로 너희는 이렇게 기도하라. 하늘에 계신 우리 아버지여…"(9)

오늘 말씀을 '주기도문'이라 일컫습니다. 주님께서 제자들에게 가르쳐 주신 기도요, 온 세계의 신자들이 기도의 모본으로 삼는 기도입니다. 우리는 이 말씀을 통해 우리가 어떤 내용으로 기도해야 하는가를 배울 수 있습니다.

첫째, 하나님을 위한 기도: 기도할 때 맨 먼저 자신을 위해 기도하기 보다 하나님을 위해 기도해야 합니다. 하나님의 이름이 거룩히 여김을 받으시도록 기도하고, 하나님의 나라가 임하고, 하나님의 뜻이 땅에서도 이루어지도록 기도해야 합니다. 그럴 때 세상에 정의가 서고 평화가 임합니다.

둘째, 우리를 위한 기도: 우리를 위해서는 일용할 양식과 일상생활에 필요한 모든 것들을 주시도록 기도해야 합니다. 신자들은 일상생활에 필요한 것들 때문에 걱정하거나 부정한 방법으로 취하지 않습니다. 하나님이 주실 것을 믿고 기도합니다.

우리를 위해서 또 죄사함을 주시도록 기도해야 합니다. 또 사단의 시험과 죄의 유혹으로부터 지켜주시도록 기도해야 합니다. 양식을 위한 기도가 우리의 육신을 위한 기도라면 죄사함은 영혼을 위한 기도입니다. 양식이 없으면 육신이 약해지고 병들듯이, 죄사함이 없으면 영혼이 병들고 시달립니다. 우리가 양식을 위한 기도보다 더 간절하게 죄사함을 위해서 기도해야 합니다.

기도 제가 제 욕심을 이루기보다 하나님의 뜻이 이루어지도록 기도하겠습니다.
제가 꾀로 살기보다 하나님을 의지하겠습니다.

한마디 "하나님의 뜻이 땅에서도 이루어지이다."

Note

9 그러므로 너희는 이렇게 기도하라. 하늘에 계신 우리 아버지여 이름이 거룩히 여김을 받으시오며
10 나라가 임하시오며 뜻이 하늘에서 이루어진 것 같이 땅에서도 이루어지이다.
11 오늘 우리에게 일용할 양식을 주시옵고
12 우리가 우리에게 죄 지은 자를 사하여 준 것 같이 우리 죄를 사하여 주시옵고
13 우리를 시험에 들게 하지 마시옵고 다만 악에서 구하시옵소서. (나라와 권세와 영광이 아버지께
영원히 있사옵나이다. 아멘.)

53 기도하는 마음 자세

누가복음 18:9-14

요절 "하나님이여 불쌍히 여기소서."(13)

오늘 말씀을 볼 때 우리가 기도를 한다고 해서 하나님이 다 들어주시는 것이 아님을 알 수 있습니다. 하나님은 어떤 사람의 기도를 들으십니까?

1. 바리새인의 기도(9-12)

두 사람이 기도하러 성전에 올라갔습니다. 그런데 바리새인은 다른 사람을 멸시하면서 기도했습니다. "나는 다른 사람들 곧 토색, 불의, 간음을 하는 자들과 같지 아니하고 이 세리와도 같지 아니함을 감사하나이다." 또 자기의 의로움을 내세우며 기도했습니다. "나는 이레에 두 번씩 금식하고 또 소득의 십일조를 드리나이다." 그의 기도에는 자기 자랑만 있지 기도 제목이 없습니다. 하나님은 자기의 의로움을 늘어놓으며 하나님께 뭔가를 요구하는 기도를 들으시지 않으십니다. 사실 그는 기도나 하나님이 필요 없는 사람입니다.

2. 세리의 기도(13,14)

당시 세리는 죄인으로 낙인찍혔기 때문에 성전에 들어갈 수도 없었습니다. 그는 멀리 서서, 감히 눈을 들어 하늘을 우러러 보지도 못하고, 그저 가슴을 치며 기도했습니다. "하나님이여 불쌍히 여기소서 나는 죄인이로소이다."(13)

자기의 죄를 마음 아프게 회개하며, 자기를 낮추며 하나님께 나아갈 때 비로소 하나님이 우리 마음에 임하사 기도를 들으십니다. 진정한 기도는 회개로부터 시작됩니다. "하나님이여 불쌍히 여기소서" 하는 기도가 최고의 기도 제목입니다.

기도 주님! 제가 마음이 높아져 있었습니다. 그래서 제 마음에 하나님이 역사하실 수 없었습니다. 저를 불쌍해 여겨주십시오.

한마디 "나를 불쌍히 여기소서!"

Note

9 또 자기를 의롭다고 믿고 다른 사람을 멸시하는 자들에게 이 비유로 말씀하시되
10 두 사람이 기도하러 성전에 올라가니 하나는 바리새인이요, 하나는 세리라.
11 바리새인은 서서 따로 기도하여 이르되 "하나님이여, 나는 다른 사람들 곧 토색, 불의, 간음을
하는 자들과 같지 아니하고 이 세리와도 같지 아니함을 감사하나이다.
12 나는 이레에 두 번씩 금식하고 또 소득의 십일조를 드리나이다." 하고
13 세리는 멀리 서서 감히 눈을 들어 하늘을 쳐다보지도 못하고 다만 가슴을 치며 이르되 "하나님이여
불쌍히 여기소서. 나는 죄인이로소이다." 하였느니라.
14 내가 너희에게 이르노니 "이에 저 바리새인이 아니고 이 사람이 의롭다 하심을 받고 그의 집으로
내려갔느니라. 무릇 자기를 높이는 자는 낮아지고 자기를 낮추는 자는 높아지리라." 하시니라.

54 기도의 능력

마가복음 9:14-29

요절 "기도 외에 다른 것으로는 이런 종류가 나갈 수 없느니라."(29)

제자들은 귀신이 들려서 고생하며 못 쓰게 된 소년을 도와주지 못했습니다. 소년의 아버지로부터 자초지종을 들으신 예수님은 말씀하셨습니다. "믿음이 없는 세대여, 내가 얼마나 너희와 함께 있으며, 얼마나 너희에게 참으리요!"(19) 예수님은 제자들이 그 소년을 도와줄 수 없었던 것은 능력이 없어서라기보다는 믿음이 없는 문제로 보셨습니다.

예수님은 그의 제자들에게 믿음이 없는 것을 한탄하시면서 귀신들린 소년을 데려오라고 명하셨습니다. 그런데 소년을 예수님께 데려오자 귀신은 더욱 날뛰었습니다. 예수님께 나옴으로써 소년의 상태는 오히려 더 악화되었습니다. 그에 따라 그 아버지의 예수님에 대한 기대와 믿음도 무너졌습니다. 그는 거의 포기하는 마음으로 "하실 수 있거든…" 하면서 예수님께 도움을 부탁했습니다. 그런데 예수님은 그의 불신을 책망하시면서 말씀하셨습니다. "할 수 있거든이 무슨 말이냐? 믿는 자에게는 능히 하지 못할 일이 없느니라." 그리고 소년에게서 귀신을 쫓아내 주셨습니다. 집에 돌아왔을 때 제자들이 조용히 물었습니다. "우리는 어찌하여 능히 그 귀신을 쫓아내지 못하였나이까?" 예수님은 그 비밀을 말씀해 주셨습니다. "기도 외에 다른 것으로는 이런 종류가 나갈 수 없느니라."(29)

귀신을 쫓아내는 일 같이 사람이 할 수 없는 일이 많습니다. 인간은 한계적인 존재입니다. 그러나 예수님은 모든 것을 하실 수 있습니다. 기도는 예수님의 능력이 임하는 통로입니다.

기도 제가 믿음이 없어 기도하지 않은 죄악을 회개합니다.
제가 기도를 배워 주님께서 맡기시는 일을 다 감당하게 도와주십시오.

한마디 "기도 외에 다른 것으로는…"

Note

14 이에 그들이 제자들에게 와서 보니 큰 무리가 그들을 둘러싸고 서기관들이 그들과 더불어
변론하고 있더라.
15 온 무리가 곧 예수를 보고 매우 놀라며 달려와 문안하거늘
16 예수께서 물으시되 "너희가 무엇을 그들과 변론하느냐?"
17 무리 중의 하나가 대답하되 "선생님, 말 못하게 귀신 들린 내 아들을 선생님께 데려왔나이다.
18 귀신이 어디서든지 그를 잡으면 거꾸러져 거품을 흘리며 이를 갈며 그리고 파리해지는지라.
내가 선생님의 제자들에게 내쫓아 달라 하였으나 그들이 능히 하지 못하더이다."
19 대답하여 이르시되 "믿음이 없는 세대여 내가 얼마나 너희와 함께 있으며 얼마나 너희에게 참으리요?
그를 내게로 데려오라." 하시매
20 이에 데리고 오니 귀신이 예수를 보고 곧 그 아이로 심히 경련을 일으키게 하는지라 그가 땅에
엎드러져 구르며 거품을 흘리더라.
21 예수께서 그 아버지에게 물으시되 "언제부터 이렇게 되었느냐?" 하시니 이르되 어릴 때부터니이다.
22 귀신이 그를 죽이려고 불과 물에 자주 던졌나이다. 그러나 무엇을 하실 수 있거든 우리를 불쌍히
여기사 도와 주옵소서."
23 예수께서 이르시되 "할 수 있거든이 무슨 말이냐? 믿는 자에게는 능히 하지 못할 일이 없느니라." 하시니
24 곧 그 아이의 아버지가 소리를 질러 이르되 "내가 믿나이다. 나의 믿음 없는 것을 도와 주소서!" 하더라.
25 예수께서 무리가 달려와 모이는 것을 보시고 그 더러운 귀신을 꾸짖어 이르시되 "말 못하고 못 듣는
귀신아, 내가 네게 명하노니 그 아이에게서 나오고 다시 들어가지 말라." 하시매
26 귀신이 소리 지르며 아이로 심히 경련을 일으키게 하고 나가니 그 아이가 죽은 것 같이 되어 많은
사람이 말하기를 "죽었다." 하나
27 예수께서 그 손을 잡아 일으키시니 이에 일어서니라.
28 집에 들어가시매 제자들이 조용히 묻자오되 "우리는 어찌하여 능히 그 귀신을 쫓아내지 못하였나이까?"
29 이르시되 "기도 외에 다른 것으로는 이런 종류가 나갈 수 없느니라." 하시니라.

55 기도하다 낙심치 말라

누가복음 18:1-8

요절 "내가 너희에게 이르노니 속히 그 원한을 풀어 주시리라."(8)

우리가 기도의 능력을 체험하지 못하는 것은 기도하다가 낙심해 버리기 때문입니다. 예수님은 우리가 기도하다가 낙심치 말아야 할 것을 비유로 말씀하십니다.

어떤 도시에 하나님을 두려워하지 않고 사람을 무시하는 한 재판관이 있었습니다. 그는 의와 공평으로 재판하기보다 그에게 이익이 되는 사람들, 곧 부자나 권력자들에게 유리한 판결을 했을 것입니다. 그러니 가난하고 힘없는 한 과부가 억울함을 호소할 때 들은 척도 하지 않았습니다(4a). 그러나 그 과부가 얼마나 끈질기게 찾아와서 탄원하는지, 번거롭고 괴로워서 견딜 수가 없었습니다. 그는 너무 괴로워서 과부의 원한을 풀어주었습니다. 이 재판관이 과부의 한을 풀어준 것은 과부가 포기하지 않고 끈질기게 탄원을 했기 때문입니다.

이 비유 끝에 예수님은 말씀하십니다. "하물며 하나님께서 그 밤낮 부르짖는 택하신 자들의 원한을 풀어 주지 아니하시겠느냐? 그들에게 오래 참으시겠느냐?"(7)

하나님은 불의한 재판관이 아니십니다. 의로우신 분이요 사랑이 많은 분이십니다. 하나님은 우리의 기도를 반드시 들어주십니다. 문제는 우리가 과부처럼 우리의 기도 제목이 이루어지기를 바라는 한 맺힌 소원이 있는가, 당장 기도가 이루어지지 않는다고 해도 하나님을 믿고 끈질기게 기도하느냐 하는 것입니다.

기도 주님! 제가 조금 기도하다가 금방 낙심하곤 하던 얄팍한 기도생활을 회개합니다. 이제부터 끈질기게 기도하겠습니다.

한마디 "기도는 반드시 응답됩니다."

Note

1 예수께서 그들에게 항상 기도하고 낙심하지 말아야 할 것을 비유로 말씀하여
2 이르시되 "어떤 도시에 하나님을 두려워하지 않고 사람을 무시하는 한 재판장이 있는데,
3 그 도시에 한 과부가 있어 자주 그에게 가서 '내 원수에 대한 나의 원한을 풀어 주소서.' 하되
4 그가 얼마 동안 듣지 아니하다가 후에 속으로 생각하되 '내가 하나님을 두려워하지 않고 사람을 무시하나
5 이 과부가 나를 번거롭게 하니 내가 그 원한을 풀어 주리라. 그렇지 않으면 늘 와서 나를 괴롭게 하리라.' 하였느니라.
6 주께서 또 이르시되 "불의한 재판장이 말한 것을 들으라.
7 하물며 하나님께서 그 밤낮 부르짖는 택하신 자들의 원한을 풀어 주지 아니하시겠느냐? 그들에게 오래 참으시겠느냐?"
8 내가 너희에게 이르노니 "속히 그 원한을 풀어 주시리라. 그러나 인자가 올 때에 세상에서 믿음을 보겠느냐?" 하시니라.

제 56 일 – 제 60 일

신자의 물질생활

56 보물을 하늘에 쌓아 두라

마태복음 6:19-24

요절 "한 사람이 두 주인을 섬기지 못할 것이니"(24)

1. 마음과 물질의 관계(19-21)

예수님은 보물을 땅에 쌓아 두지 말라고 말씀하십니다. 첫째는 보물을 땅에 쌓아두면 좀과 동록 등의 해충들이 갉아먹거나, 도둑이 구멍을 뚫고 도둑질하여, 결국에는 없어져버리기 때문입니다. 다행히 없어지지 않는다고 해도 사람이 죽으면 그만입니다.

보물을 땅에 쌓아두지 말아야 할 또 다른 이유는 보물이 있는 곳에 마음도 따라가기 때문입니다. 보물을 땅에 쌓아두려 하면 마음도 온통 세상적인 욕심이나 염려로 가득 차게 됩니다. 보물을 하나님을 위해 씀으로써 하늘에 쌓을 때, 마음에 하나님의 기쁨과 영생의 행복으로 가득하게 됩니다.

2. 하나님과 재물을 겸하여 섬길 수 있는가(22-24)

사람들은 하나님도 잘 섬기고 재물도 많으면 좋지 않으냐고 말합니다. 하나님과 재물을 겸하여 섬길 수 있다고 주장합니다. 그러나 그것이 이론적으로는 가능하지만 실제로는 어렵습니다. 실제로는 하나님과 재물 중 어느 한 쪽으로 기울어지기 마련입니다. 그런데도 하나님과 재물을 겸하여 섬기려 하기 때문에, 실제로는 재물을 섬기면서도 겉으로는 하나님을 잘 섬기는 체하는 위선이 생기고, 또 재물로 인해 마음의 눈이 가리어서 영적인 분별력을 잃어버리게 됩니다. 우리가 위선에 빠지거나 분별력을 잃지 않으려면 사람이 하나님과 재물을 겸하여 섬길 수 없다는 것을 인정하고, 하나님만을 섬기고자 결단을 해야 합니다.

기도

주님! 제가 재물과 하나님에 대한 분명한 자세가 없어서
분별력이 없어진 것을 깨닫습니다. 도와주십시오.

한마디 "두 주인을 섬길 수 없다."

Note

19 너희를 위하여 보물을 땅에 쌓아 두지 말라. 거기는 좀과 동록이 해하며 도둑이 구멍을 뚫고
도둑질하느니라.
20 오직 너희를 위하여 보물을 하늘에 쌓아 두라. 거기는 좀이나 동록이 해하지 못하며 도둑이 구멍을
뚫지도 못하고 도둑질도 못하느니라.
21 네 보물 있는 그 곳에는 네 마음도 있느니라.
22 눈은 몸의 등불이니 그러므로 네 눈이 성하면 온 몸이 밝을 것이요.
23 눈이 나쁘면 온 몸이 어두울 것이니 그러므로 네게 있는 빛이 어두우면 그 어둠이 얼마나 더하겠느냐?
24 한 사람이 두 주인을 섬기지 못할 것이니 혹 이를 미워하고 저를 사랑하거나 혹 이를 중히 여기고
저를 경히 여김이라. 너희가 하나님과 재물을 겸하여 섬기지 못하느니라.

57 염려하지 말라

마태복음 6:25-34

요절 "그런즉 너희는 먼저 그의 나라와 그의 의를 구하라."(33)

우리는 늘 무엇을 먹을까, 무엇을 먹을까, 무엇을 입을까 염려합니다. 왜 우리가 늘 염려를 합니까?

첫째, 목숨이 음식보다 중요하고, 몸이 의복보다 중요하다는 것을 알지 못하기 때문입니다. 음식의 목적은 목숨과 건강을 유지하는 데 있고, 옷의 목적은 몸을 가리고 추위를 막는 데 있습니다. 그런데 목숨보다 음식을 더 중요하게 여겨 필요 이상으로 잘 먹으려 하고, 몸보다 옷을 더 중요하게 여겨 필요 이상으로 잘 입으려 하고, 또 남들과 경쟁하려 하기 때문에 염려가 그치지 않습니다. 건강하게 살 수 있을 정도의 음식과 춥지 않을 정도의 옷이 있는 것으로 만족할 줄 알면 염려는 없어집니다.

둘째, 하나님이 친히 먹이시고 입히신다는 것을 믿지 못하기 때문입니다. 공중의 새는 경작하거나 추수하지 않습니다. 염려도 하지 않고 노래만 합니다. 그러나 하나님이 다 길러주십니다. 들의 백합화는 수고도 하지 않고 길쌈도 하지 않습니다. 그러나 그 아름다움은 솔로몬의 호화로운 옷보다 더 낫습니다. 새와 들풀도 이렇게 먹이시고 입히시는데, 사람에게는 어떻게 하시겠습니까? 우리가 하나님을 믿으면 염려는 사라집니다(30).

예수님은 결론적으로 말씀하십니다. "너희는 먼저 그의 나라와 그의 의를 구하라, 그리하면 이 모든 것을 너희에게 더하시리라." 먼저 하나님의 나라와 의를 구하면, 하나님께서는 우리에게 필요한 모든 것을 주십니다.

기도 주님! 제가 염려하기보다 먼저 하나님의 나라와 의를 구할 수 있도록 믿음을 주십시오.

한마디 "먼저…"

Note

25 그러므로 내가 너희에게 이르노니 목숨을 위하여 무엇을 먹을까 무엇을 마실까 몸을 위하여 무엇을
입을까 염려하지 말라. 목숨이 음식보다 중하지 아니하며 몸이 의복보다 중하지 아니하냐?
26 공중의 새를 보라 심지도 않고 거두지도 않고 창고에 모아들이지도 아니하되 너희 하늘 아버지께서
기르시나니 너희는 이것들보다 귀하지 아니하냐?
27 너희 중에 누가 염려함으로 그 키를 한 자라도 더할 수 있겠느냐?
28 또 너희가 어찌 의복을 위하여 염려하느냐? 들의 백합화가 어떻게 자라는가 생각하여 보라.
수고도 아니하고 길쌈도 아니하느니라.
29 그러나 내가 너희에게 말하노니 솔로몬의 모든 영광으로도 입은 것이 이 꽃 하나만 같지 못하였느니라.
30 오늘 있다가 내일 아궁이에 던져지는 들풀도 하나님이 이렇게 입히시거든 하물며 너희일까보냐,
믿음이 작은 자들아.
31 그러므로 염려하여 이르기를 무엇을 먹을까 무엇을 마실까 무엇을 입을까 하지 말라.
32 이는 다 이방인들이 구하는 것이라. 너희 하늘 아버지께서 이 모든 것이 너희에게 있어야 할 줄을
아시느니라.
33 그런즉 너희는 먼저 그의 나라와 그의 의를 구하라. 그리하면 이 모든 것을 너희에게 더하시리라.
34 그러므로 내일 일을 위하여 염려하지 말라. 내일 일은 내일이 염려할 것이요 한 날의 괴로움은
그 날로 족하니라.

58 부자와 하나님 나라

마가복음 10:17-31

요절 "…그리하면 하늘에서 보화가 네게 있으리라."(21)

예수님이 길에 나가시자 한 사람이 달려와서 무릎을 꿇고 물었습니다. "선한 선생님이여, 내가 무엇을 하여야 영생을 얻으리이까?" 그는 세상 것에 만족하지 않고 영생을 얻고자 했습니다. 마음의 행복과 내세에 대한 소망을 갖고자 했습니다. 영생을 얻기 위해 그는 어렸을 때부터 하나님께서 주신 계명을 지켰습니다(20). 그런데도 그에게는 영생이 없었습니다. 그는 자기가 무엇이 부족한가, 혹시 자신이 알지 못하는 다른 특별한 계명이 있지 않는가를 묻기 위해 예수님 앞에 무릎을 꿇은 것이었습니다.

예수님은 이런 그를 사랑하사(21) 그의 부족한 점이 무엇인가를 깨우쳐 주기 위해 그에게 말씀하셨습니다. "가서 네게 있는 것을 다 팔아 가난한 자들에게 주라. 그리하면 하늘에서 보화가 네게 있으리라. 그리고 와서 나를 따르라."(21)

그러나 청년은 재물이 아까웠습니다. 영생을 얻고는 싶었지만, 재물을 팔아서까지 영생을 얻고 싶지는 않았습니다. 그가 영생을 귀하게 여긴 것 같지만, 사실은 영생보다 재물을 더 귀하게 여겼습니다. 이런 사람은 영생을 얻기 힘듭니다.

그래서 예수님은 말씀하셨습니다. "재물이 있는 자는 하나님의 나라에 들어가기가 심히 어렵도다."(23) "낙타가 바늘귀로 나가는 것이 부자가 하나님의 나라에 들어가는 것보다 쉬우니라."(25)

기도 주님! 제가 물질에 대한 애착이 너무 강한 것을 깨닫고 마음이 아픕니다. 제가 영생을 귀하게 여기며, 또 가난한 사람들 돕는 것을 중하게 여기도록 도와주십시오.

한마디 "재물이 많은 고로"

Note

17 예수께서 길에 나가실새 한 사람이 달려와서 꿇어 앉아 묻자오되 "선한 선생님이여, 내가 무엇을
하여야 영생을 얻으리이까?"
18 예수께서 이르시되 "네가 어찌하여 나를 선하다 일컫느냐? 하나님 한 분 외에는 선한 이가 없느니라."
19 네가 계명을 아나니 살인하지 말라, 간음하지 말라, 도둑질하지 말라, 거짓 증언 하지 말라,
속여 빼앗지 말라, 네 부모를 공경하라 하였느니라.
20 그가 여짜오되 "선생님이여 이것은 내가 어려서부터 다 지켰나이다."
21 예수께서 그를 보시고 사랑하사 이르시되 "네게 아직도 한 가지 부족한 것이 있으니 가서 네게
있는 것을 다 팔아 가난한 자들에게 주라. 그리하면 하늘에서 보화가 네게 있으리라. 그리고 와서
나를 따르라." 하시니
22 그 사람은 재물이 많은 고로 이 말씀으로 인하여 슬픈 기색을 띠고 근심하며 가니라.
23 예수께서 둘러 보시고 제자들에게 이르시되 "재물이 있는 자는 하나님의 나라에 들어가기가 심히
어렵도다." 하시니
24 제자들이 그 말씀에 놀라는지라. 예수께서 다시 대답하여 이르시되 "얘들아, 하나님의 나라에
들어가기가 얼마나 어려운지
25 낙타가 바늘귀로 나가는 것이 부자가 하나님의 나라에 들어가는 것보다 쉬우니라." 하시니
26 제자들이 매우 놀라 서로 말하되 "그런즉 누가 구원을 얻을 수 있는가?" 하니
27 예수께서 그들을 보시며 이르시되 "사람으로는 할 수 없으되 하나님으로는 그렇지 아니하니
하나님으로서는 다 하실 수 있느니라."
28 베드로가 여짜와 이르되 "보소서. 우리가 모든 것을 버리고 주를 따랐나이다."
29 예수께서 이르시되 내가 진실로 너희에게 이르노니 "나와 복음을 위하여 집이나 형제나 자매나
어머니나 아버지나 자식이나 전토를 버린 자는
30 현세에 있어 집과 형제와 자매와 어머니와 자식과 전토를 백 배나 받되 박해를 겸하여 받고
내세에 영생을 받지 못할 자가 없느니라.
31 그러나 먼저 된 자로서 나중 되고 나중 된 자로서 먼저 될 자가 많으니라."

59

하나님의 백성의 의무

말라기 3:7-12

요절 "너희의 온전한 십일조를 창고에 들여…"(10)

하나님은 이스라엘이 하나님의 규례를 떠나 지키지 아니하였다고 지적하시면서, 회개하고 하나님께로 돌아오라고 말씀하셨습니다. 그러자 이스라엘은 어떻게 하나님께 돌아갈 수 있는가, 그 방법을 물었습니다. 이때 하나님께서 제시하신 방법이 무엇입니까? 하나님은 그들이 하나님의 것을 도둑질하였다, 하나님께 돌아가려면 십일조와 봉헌물을 드려야 한다고 말씀하십니다(8).

십일조와 봉헌물은 생업을 갖지 않고 하나님을 섬기는 일에만 전념하는 레위인들과 제사장들을 위해 쓰여 졌고(민 18:24,28), 또 고아와 과부와 나그네들을 돕는 데 쓰였습니다(신 14:29). 십일조와 헌물을 드리는 것은 하나님을 섬기고, 가난하고 외로운 이웃을 돕기 위한 하나님의 백성의 의무였습니다. 십일조와 봉헌물을 드리지 않는 것은 하나님의 것을 도둑질하는 것이나 마찬가지입니다. 이스라엘이 하나님께 돌아가려면 하나님께 물질을 드리는 실제적인 의무를 감당해야 합니다(민 18:21-31).

하나님은 말씀하십니다. "너희의 온전한 십일조를 창고에 들여 나의 집에 양식이 있게 하고 그것으로 나를 시험하여 내가 하늘 문을 열고 너희에게 복을 쌓을 곳이 없도록 붓지 아니하나 보라."(10) 하나님께서 물질 드리는 것을 의무로 정한 것은 그들이 물질보다도 하나님을 사랑하게 하고 하나님께 돌아오게 하려 하심이요, 또 그들을 축복하시기 위함입니다. 하나님은 나를 시험해 보라고까지 하시면서 이를 약속하십니다.

기도 주님! 제가 하나님께 물질을 드리는 의무를 감당하지 못한 것 때문에 하나님께 돌아오지 못했습니다. 회개합니다.

한마디 "하나님께 물질을 드리는 의무"

Note

7 만군의 여호와가 이르노라 "너희 조상들의 날로부터 너희가 나의 규례를 떠나 지키지 아니하였도다.
그런즉 내게로 돌아오라. 그리하면 나도 너희에게로 돌아가리라." 하였더니 너희가 이르기를
"우리가 어떻게 하여야 돌아가리이까?" 하는도다.
8 사람이 어찌 하나님의 것을 도둑질하겠느냐? 그러나 너희는 나의 것을 도둑질하고도 말하기를
"우리가 어떻게 주의 것을 도둑질하였나이까?" 하는도다. 이는 곧 십일조와 봉헌물이라.
9 너희 곧 온 나라가 나의 것을 도둑질하였으므로 너희가 저주를 받았느니라.
10 만군의 여호와가 이르노라 "너희의 온전한 십일조를 창고에 들여 나의 집에 양식이 있게 하고
그것으로 나를 시험하여 내가 하늘 문을 열고 너희에게 복을 쌓을 곳이 없도록 붓지 아니하나 보라."
11 만군의 여호와가 이르노라 "내가 너희를 위하여 메뚜기를 금하여 너희 토지 소산을 먹어 없애지
못하게 하며 너희 밭의 포도나무 열매가 기한 전에 떨어지지 않게 하리니
12 너희 땅이 아름다워지므로 모든 이방인들이 너희를 복되다 하리라." 만군의 여호와의 말이니라.

60 헌금을 어떤 자세로 드릴 것인가

고린도후서 8:1-9

요절 "그들의 풍성한 연보를 넘치도록 하게 하였느니라."(2)

바울은 고린도 교회 형제들에게 마게도냐 교회들에게 주신 '은혜'를 알리고자 합니다. 마게도냐 교회들에게 주신 '은혜'란 그들이 예루살렘에 있는 가난한 형제들을 위해 헌금한 일을 말합니다. 바울은 헌금을 '은혜'라고 말합니다. 헌금은 아무나 할 수 있는 일이 아닙니다. 하나님께서 그 마음에 은혜를 주셔야 할 수 있습니다. 그러므로 헌금을 어떤 자세로 드려야 하겠습니까?

1. 넘치도록 헌금한 마게도냐 교회 (1-5)

마게도냐 교회는 많은 환난과 시련을 겪었고 또 가난한 사람들이 많았습니다. 그러나 그들이 극한 가난 가운데 있었기 때문에 가난한 예루살렘 형제들을 이해하고 사랑할 수 있었으며, 그래서 그들을 위해 어떤 사람들보다도 많은 헌금을 했습니다. 그들은 자원해서 헌금했고, 기쁨으로 했고, 정한 금액보다 더 많이 했습니다. 그들은 힘대로 할 뿐만 아니라 힘에 지나도록 헌금했습니다. 헌금은 반드시 돈이 많다고 해서 할 수 있는 것이 아닙니다.

2. 이 은혜에도 풍성하게 할지니라 (6-9)

사람들은 믿음을 크게 하려하고, 말을 잘 하려하고, 지식을 많이 얻고자 합니다. 또 마음을 간절하게 하고자 하고, 사랑을 풍성하게 하고, 많은 열매를 맺고 싶어합니다. 그것이 모두 하나님의 은혜로 되는 일입니다. 그런데 바울은 '이 은혜', 즉 헌금하는 일에도 풍성하게 하라고 말합니다. 헌금하는 은혜도 그 어떤 은혜보다 중요합니다.

기도 주님! 제가 헌금하는 은혜를 풍성하게 하려 하지 않았던 것을 회개합니다. 이제 기쁨으로, 힘에 지나도록 헌금하겠습니다.

한마디 "힘에 지나도록 자원하여"

Note

1 형제들아, 하나님께서 마게도냐 교회들에게 주신 은혜를 우리가 너희에게 알리노니
2 환난의 많은 시련 가운데서 그들의 넘치는 기쁨과 극심한 가난이 그들의 풍성한 연보를 넘치도록 하게 하였느니라.
3 내가 증언하노니 그들이 힘대로 할 뿐 아니라 힘에 지나도록 자원하여
4 이 은혜와 성도 섬기는 일에 참여함에 대하여 우리에게 간절히 구하니
5 우리가 바라던 것뿐 아니라 그들이 먼저 자신을 주께 드리고 또 하나님의 뜻을 따라 우리에게 주었도다.
6 그러므로 우리가 디도를 권하여 그가 이미 너희 가운데서 시작하였은즉 이 은혜를 그대로 성취하게 하라 하였노라.
7 오직 너희는 믿음과 말과 지식과 모든 간절함과 우리를 사랑하는 이 모든 일에 풍성한 것 같이 이 은혜에도 풍성하게 할지니라.
8 내가 명령으로 하는 말이 아니요. 오직 다른 이들의 간절함을 가지고 너희의 사랑의 진실함을 증명하고자 함이로라.
9 우리 주 예수 그리스도의 은혜를 너희가 알거니와 부요하신 이로서 너희를 위하여 가난하게 되심은 그의 가난함으로 말미암아 너희를 부요하게 하려 하심이라.

제 61 일 – 제 64 일

헌신적인 삶

61 가장 중요한 계명

마가복음 12:28-37

요절 "주 너의 하나님을 사랑하라 하신 것이요"(30)

서기관 중 한 사람이 예수님께서 바리새인들과 사두개인들과의 변론에서 답변을 잘하시는 것을 보고 그가 평소 꼭 알고 싶어 했던 한 가지를 질문했습니다. "모든 계명 중에 첫째가 무엇이니이까?"(28) 당시 이스라엘에는 십계명이나 모세 오경 외에도 구전으로 내려오는 수많은 계명들이 있었습니다. 그래서 이 많은 계명 중에서 가장 중요한 계명이 무엇인가 하는 논란이 있어왔습니다.

이에 대한 서기관의 질문에 대해서 예수님은 먼저 "첫째는 이것이니 이스라엘아 들으라, 주 곧 우리 하나님은 유일한 주시라. 네 마음을 다하고 목숨을 다하고 뜻을 다하고 힘을 다하여 주 너의 하나님을 사랑하라." (29,30) 하나님은 유일한 주님이십니다. 하나님은 우리의 마음과 뜻과 힘을 다 바쳐 사랑해야 마땅한 분이십니다.

예수님은 계속해서 말씀하십니다. "둘째는 이것이니 네 이웃을 네 자신과 같이 사랑하라 하신 것이라. 이보다 더 큰 계명이 없느니라."(31) 마음과 뜻과 힘을 다 해 하나님을 사랑하는 사람은 그 사랑이 이웃을 사랑하는 데 나타납니다.

제일 중요한 계명은 한마디로 하나님 사랑과 이웃 사랑, 그리고 그들에게 대한 헌신입니다. 수많은 계명들이 있지만 그 모든 계명들의 정신과 목적은 사랑과 헌신에 있습니다. 계명들을 조목조목 다 지킨다고 해도 그에게 하나님과 이웃에 대한 사랑과 헌신이 없으면 다 형식적이고 위선적인 삶에 지나지 않습니다.

기도 주님! 이 죄인이 마음에 사랑없음을 깨닫고 마음이 아픕니다. 제가 마음과 뜻과 힘을 다 해 하나님과 형제를 사랑하고 그들을 위해 헌신하는 삶을 살도록 도와주십시오.

한마디 "하나님을 사랑하고 이웃을 사랑하라."

Note

28 서기관 중 한 사람이 그들이 변론하는 것을 듣고 예수께서 잘 대답하신 줄을 알고 나아와 묻되
"모든 계명 중에 첫째가 무엇이니이까?"
29 예수께서 대답하시되 "첫째는 이것이니 이스라엘아 들으라. 주 곧 우리 하나님은 유일한 주시라.
30 네 마음을 다하고 목숨을 다하고 뜻을 다하고 힘을 다하여 주 너의 하나님을 사랑하라 하신 것이요.
31 둘째는 이것이니 네 이웃을 네 자신과 같이 사랑하라 하신 것이라 이보다 더 큰 계명이 없느니라."
32 서기관이 이르되 "선생님이여, 옳소이다. 하나님은 한 분이시요 그 외에 다른 이가 없다 하신
말씀이 참이니이다.
33 또 마음을 다하고 지혜를 다하고 힘을 다하여 하나님을 사랑하는 것과 또 이웃을 자기 자신과
같이 사랑하는 것이 전체로 드리는 모든 번제물과 기타 제물보다 나으니이다.
34 예수께서 그가 지혜 있게 대답함을 보시고 이르시되 "네가 하나님의 나라에서 멀지 않도다." 하시니
그 후에 감히 묻는 자가 없더라.
35 예수께서 성전에서 가르치실새 대답하여 이르시되 "어찌하여 서기관들이 그리스도를 다윗의
자손이라 하느냐?
36 다윗이 성령에 감동되어 친히 말하되 '주께서 내 주께 이르시되 내가 네 원수를 네 발 아래에
둘 때까지 내 우편에 앉았으라 하셨도다.' 하였느니라.
37 다윗이 그리스도를 주라 하였은즉 어찌 그의 자손이 되겠느냐?" 하시니 많은 사람들이 즐겁게 듣더라.

62

너희 몸을 산 제사로 드리라

로마서 12:1-8

요절 "너희 몸을 하나님이 기뻐하시는 거룩한 산 제물로 드리라"(1)

신자는 예수님의 대속의 죽음과 부활의 권능으로 구원을 얻었습니다. 예수님으로 말미암아 이전과는 전혀 다른 새로운 생명의 법으로 삽니다(롬 8:2). 그러므로 신자의 삶은 어떠해야 합니까? 바울은 말합니다. "그러므로 형제들아 내가 하나님의 모든 자비하심으로 너희를 권하노니, 너희 몸을 하나님이 기뻐하시는 거룩한 산 제물로 드리라. 이는 너희가 드릴 영적 예배니라."(1)

신자의 삶은 한마디로 나를 제물로 바치는 삶입니다. 구약 시대에는 짐승을 죽여 제물로 드렸습니다. 그 제물은 흠이 없고 거룩해야 하며 하나님이 기뻐하시는 것이어야만 했습니다(레 1:3). 그런데 신자는 자신의 삶 자체를 제물로 드립니다. 흠 없고 거룩하고 하나님이 기뻐하시는 제물이 되기 위해, 마음을 새롭게 하고 변화된 삶을 살기 위해 힘씁니다. 늘 하나님의 선하시고 기뻐하시고 온전하신 뜻이 무엇인지 분별합니다. 한마디로 이 세대 사람들과는 전혀 다른 삶을 삽니다.

신자는 자신의 삶을 하나님을 위해서뿐만 아니라 형제들을 위해서도 바칩니다. 우리 각자는 한 몸 그리스도에게 붙어있는 지체(肢體)들입니다. 몸의 지체들은 그 역할이 다 다르며 그 어느 하나 덜 중요한 것이 없습니다. 그러므로 남과 비교하고 시기하고 경쟁할 필요가 없습니다. 다만 자기가 받은 은사와 자기에게 주어진 역할을 헌신적으로 잘 감당하는 한편 형제들이 그 역할을 잘 감당하도록 도움으로써 그리스도의 몸을 세워야 합니다.

기도 주님! 제가 나를 세우려고 힘들고 악한 삶을 살기보다 하나님과 형제들을 위해 나를 헌신하도록 도와주십시오.

한마디 "신자는 제물(祭物)이다"

Note

1 그러므로 형제들아 내가 하나님의 모든 자비하심으로 너희를 권하노니 너희 몸을 하나님이
기뻐하시는 거룩한 산 제물로 드리라. 이는 너희가 드릴 영적 예배니라.
2 너희는 이 세대를 본받지 말고 오직 마음을 새롭게 함으로 변화를 받아 하나님의 선하시고
기뻐하시고 온전하신 뜻이 무엇인지 분별하도록 하라.
3 내게 주신 은혜로 말미암아 너희 각 사람에게 말하노니 마땅히 생각할 그 이상의 생각을 품지 말고
오직 하나님께서 각 사람에게 나누어 주신 믿음의 분량대로 지혜롭게 생각하라.
4 우리가 한 몸에 많은 지체를 가졌으나 모든 지체가 같은 기능을 가진 것이 아니니
5 이와 같이 우리 많은 사람이 그리스도 안에서 한 몸이 되어 서로 지체가 되었느니라.
6 우리에게 주신 은혜대로 받은 은사가 각각 다르니 혹 예언이면 믿음의 분수대로,
7 혹 섬기는 일이면 섬기는 일로, 혹 가르치는 자면 가르치는 일로,
8 혹 위로하는 자면 위로하는 일로, 구제하는 자는 성실함으로, 다스리는 자는 부지런함으로,
긍휼을 베푸는 자는 즐거움으로 할 것이니라.

63 예수님께 향유를 부은 마리아

요한복음 12:1-8

요절 "…마리아는 지극히 비싼 향유 곧 순전한 나드 한 근을 가져다가 예수의 발에 붓고 자기 머리털로 그의 발을 닦으니…"(3)

유월절 엿새 전, 그러니까 예수님께서 십자가에 못 박히시기 5일 전, 예수님은 베다니 나사로의 집에 계셨습니다. 예수님께서 죽어 무덤에 있던 나사로를 살려주셨기 때문에 그에 대한 감사의 잔치를 벌인 것이었습니다. 그런데 나사로의 누이 마리아가 지극히 비싼 향유를 가지고 와서 그것을 예수님의 발에 붓고 자기 머리털로 그의 발을 닦았습니다.

당시 향유는 저축 수단으로 쓰였습니다. 아마 마리아는 가장 긴요한 일에 쓰려고 돈이 생길 때마다 한 방울 두 방울 조금씩 모았을 것입니다. 그러므로 거기에는 마리아의 정성이 담겨 있고 꿈이 서려 있었습니다. 어쩌면 그것은 그녀의 모든 것이었을 것입니다. 그런데 그 소중한 것으로 예수님의 발을 씻었습니다. 그녀는 그것을 조금도 아까워하지 않았습니다. 주위 사람들의 눈치도 보지 않았습니다. 그것은 오빠 나사로를 살려주신 데 대한 감사 정도가 아니었습니다. 부활이요 생명이요 그리스도이신 예수님에 대한 신앙 고백이었습니다(요한 11:25,26). 그녀는 이 예수님을 열정적으로 사랑했고, 자신의 모든 것을 드려 헌신했습니다.

그런데 가룟 유다는 이런 마리아가 못마땅했습니다. 그 이유가 무엇이었습니까(5,6)? 예수님은 그에게 뭐라 말씀하십니까(7,8)? 유다는 마리아를 돈과 자기 유익으로 판단했지만 예수님은 마리아의 헌신과 진심을 보셨습니다.

기도 주님! 저의 믿음과 사랑을 받으실 분은 예수님밖에 없습니다. 주님께 저의 모든 것을 드립니다. 받아주십시오.

한마디 "열정적인 사랑, 아낌없는 헌신"

Note

1 유월절 엿새 전에 예수께서 베다니에 이르시니 이 곳은 예수께서 죽은 자 가운데서 살리신 나사로가 있는 곳이라.
2 거기서 예수를 위하여 잔치할새 마르다는 일을 하고 나사로는 예수와 함께 앉은 자 중에 있더라.
3 마리아는 지극히 비싼 향유 곧 순전한 나드 한 근을 가져다가 예수의 발에 붓고 자기 머리털로 그의 발을 닦으니 향유 냄새가 집에 가득하더라.
4 제자 중 하나로서 예수를 잡아 줄 가룟 유다가 말하되
5 "이 향유를 어찌하여 삼백 데나리온에 팔아 가난한 자들에게 주지 아니하였느냐?" 하니
6 이렇게 말함은 가난한 자들을 생각함이 아니요, 그는 도둑이라 돈궤를 맡고 거기 넣는 것을 훔쳐 감이러라.
7 예수께서 이르시되 "그를 가만 두어 나의 장례할 날을 위하여 그것을 간직하게 하라.
8 가난한 자들은 항상 너희와 함께 있거니와 나는 항상 있지 아니하리라 하시니라."

64 밀알의 진리

요한복음 12:20-26

요절 "한 알의 밀이 땅에 떨어져… 죽으면 많은 열매를 맺느니라."(24)

유월절 명절에 예배하러 온 사람 중에 헬라인 몇이 있었습니다. 그들은 유대인들로부터 하나님과 성경을 배운 사람들이었는데, 하나님에 대해 더 깊이 배우기 위해 예루살렘까지 순례하러 왔습니다. 그런데 그들은 예수님이 죽은 나사로를 살리셨다는 것을 알게 되었습니다. 그들의 가슴은 뛰었습니다. 헬라인들은 철학을 논하고 민주주의를 세우고 올림픽을 개최한 사람들입니다.

그러나 그 모든 것이 죽음의 문제에 대해서는 아무런 빛을 주지 못했습니다. 죽음 앞에 서면 인간은 하찮은 존재였고, 아무리 기막힌 철학을 논하고 대단한 제도를 세워도 죽음 앞에서는 허무하고 슬프기만 했습니다. 그런데 예수님이 죽은 자를 살리셨다는 것이었습니다. 헬라인들은 이 예수님이야말로 참된 지혜를 가지신 분이요, 인류의 빛과 소망이라고 믿었습니다.

그들은 진정으로 예수님을 만나고 싶었습니다. 그런데 예수님께서 이들에게 무슨 말씀을 하셨습니까? "한 알의 밀이 땅에 떨어져 죽지 아니하면 한 알 그대로 있고, 죽으면 많은 열매를 맺느니라. 자기의 생명을 사랑하는 자는 잃어버릴 것이요, 이 세상에서 자기의 생명을 미워하는 자는 영생하도록 보전하리라."(24,25)

자기 생명을 사랑하지 않고 하나님을 위해 자기 생명을 헌신하는 것이 하나뿐인 생명으로 풍성하게 사는 길이요, 한번뿐인 생명을 영생하도록 보전하는 길이요, 하찮기 그지없는 생명을 보람 있게 살 수 있는 길입니다.

기도 주님! 제가 어리석게도 제 생명을 아끼고 자신만을 위해 살고자 했습니다. 제가 밀알의 진리를 따르도록 도와주십시오.

한마디 "죽으면 많은 열매를 맺느니라."

Note

20 명절에 예배하러 올라온 사람 중에 헬라인 몇이 있는데
21 그들이 갈릴리 벳새다 사람 빌립에게 가서 청하여 이르되 "선생이여, 우리가 예수를 뵈옵고자
하나이다." 하니
22 빌립이 안드레에게 가서 말하고 안드레와 빌립이 예수께 가서 여쭈니
23 예수께서 대답하여 이르시되 "인자가 영광을 얻을 때가 왔도다.
24 내가 진실로 진실로 너희에게 이르노니 한 알의 밀이 땅에 떨어져 죽지 아니하면 한 알 그대로 있고
죽으면 많은 열매를 맺느니라.
25 자기의 생명을 사랑하는 자는 잃어버릴 것이요 이 세상에서 자기의 생명을 미워하는 자는
영생하도록 보전하리라.
26 사람이 나를 섬기려면 나를 따르라. 나 있는 곳에 나를 섬기는 자도 거기 있으리니 사람이 나를
섬기면 내 아버지께서 그를 귀히 여기시리라."

제 65 일 – 제 71 일

신자의 가치관

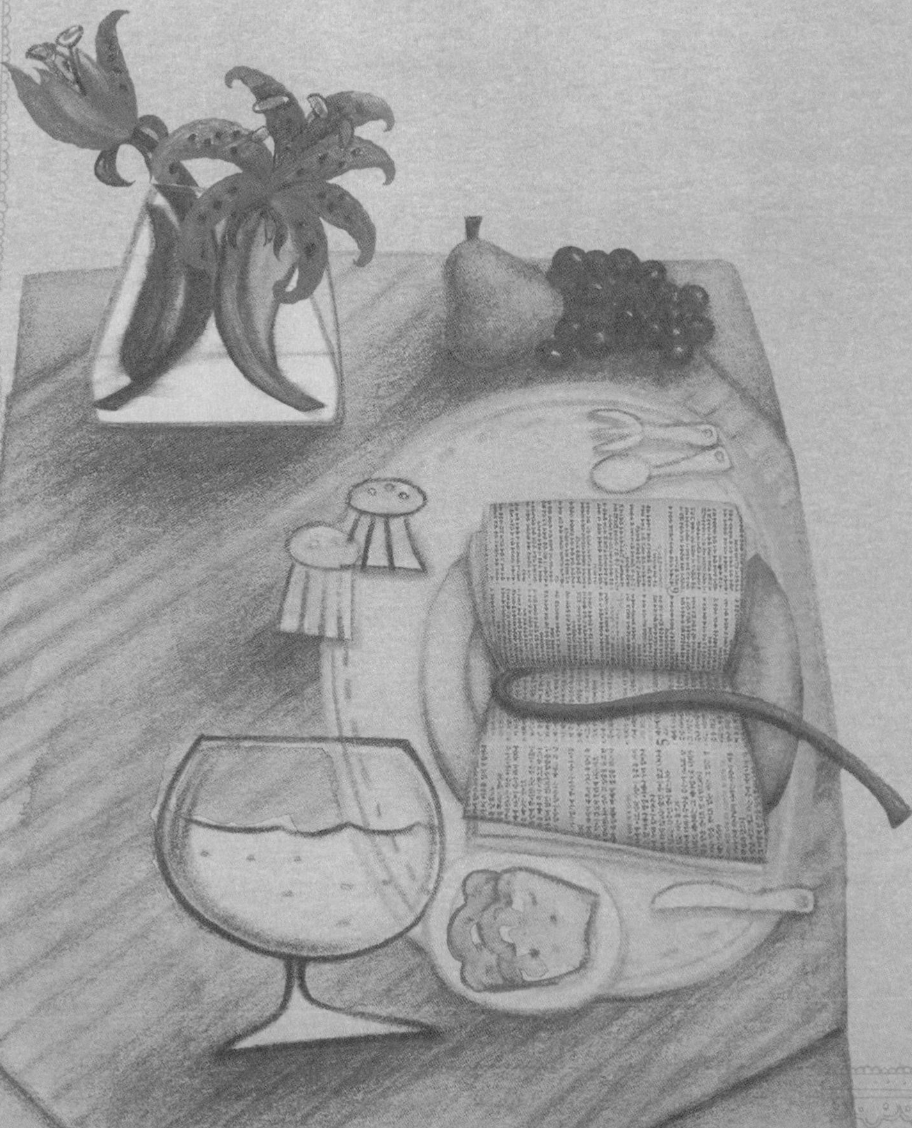

65 가장 고상한 지식

빌립보서 3:1-11

요절 "내 주 그리스도 예수를 아는 지식이 가장 고상하기 때문이라."(8)

사람은 최고로 가치 있는 지식을 알아야 하고 또 그것을 위해 살아야 합니다. 그런 삶에 의미가 있고 자유가 있습니다.

인간적인 것들을 자랑하려면 사도 바울은 누구 못지 않았습니다. 그는 완전한 히브리인이었고, 흠잡을 데 없이 완벽하게 율법을 지켰고, 교회를 핍박할 정도로 열성적으로 하나님을 섬겼습니다. 그것들은 그에게 유익했습니다(7). 사람들로부터 존경을 받을 수도 있었고 출세도 할 수 있었습니다.

그러나 바울은 그 모든 것을 배설물로 여겼고, 해롭게 여겼고, 그래서 그것들을 버렸습니다. 왜 그랬습니까? 예수 그리스도를 아는 지식이 가장 고상하고 존귀하다는 것을 알았기 때문입니다. 그 최고의 지식을 알았을 때 그는 다른 모든 것들은 가치 없게 여겼을 뿐 아니라, 도리어 방해가 되는 것으로 간주했습니다. 바울은 유익을 위해 살지 않았습니다. 최고의 가치를 위해 살았습니다.

그러면 예수 그리스도를 아는 지식이 왜 최고의 지식입니까? 그것은 예수 그리스도를 믿음으로써 하나님의 의에 이를 수 있기 때문입니다(9). 바울은 전에 율법을 완벽하게 지킴으로써 의로워지고자 했습니다. 그러나 율법은 그를 도리어 거짓되게 만들었고(롬 2:21-24), 갈등과 번민만 안겨주었습니다(롬 7:21-24). 그런데 그가 예수님의 죽음과 부활을 통해 이루신 구원을 믿었을 때 진정한 자유를 얻었고, 하나님의 의에 이를 수 있었습니다.

기도 주님! 당신을 아는 지식이 가장 고상합니다.
제가 유익을 위해 살지 않고 주님을 얻기 위해 살기를 원합니다.

한마디 "예수님, 가장 고상한 지식"

Note

1 끝으로 나의 형제들아 주 안에서 기뻐하라. 너희에게 같은 말을 쓰는 것이 내게는 수고로움이 없고
너희에게는 안전하니라.
2 개들을 삼가고 행악하는 자들을 삼가고 몸을 상해하는 일을 삼가라.
3 하나님의 성령으로 봉사하며 그리스도 예수로 자랑하고 육체를 신뢰하지 아니하는 우리가 곧 할례파라.
4 그러나 나도 육체를 신뢰할 만하며 만일 누구든지 다른 이가 육체를 신뢰할 것이 있는 줄로 생각하면
나는 더욱 그러하리니.
5 나는 팔일 만에 할례를 받고 이스라엘 족속이요 베냐민 지파요 히브리인 중의 히브리인이요
율법으로는 바리새인이요,
6 열심으로는 교회를 박해하고 율법의 의로는 흠이 없는 자라.
7 그러나 무엇이든지 내게 유익하던 것을 내가 그리스도를 위하여 다 해로 여길뿐더러
8 또한 모든 것을 해로 여김은 내 주 그리스도 예수를 아는 지식이 가장 고상하기 때문이라.
내가 그를 위하여 모든 것을 잃어버리고 배설물로 여김은 그리스도를 얻고
9 그 안에서 발견되려 함이니 내가 가진 의는 율법에서 난 것이 아니요. 오직 그리스도를 믿음으로
말미암은 것이니 곧 믿음으로 하나님께로부터 난 의라.
10 내가 그리스도와 그 부활의 권능과 그 고난에 참여함을 알고자 하여 그의 죽으심을 본받아
11 어떻게 해서든지 죽은 자 가운데서 부활에 이르려 하노니

66

그리스도 예수의 마음

빌립보서 2:1-11

요절 "너희 안에 이 마음을 품으라. 곧 그리스도 예수의 마음이니…"(5)

1. 각각 남을 낫게 여기라(1-4)

빌립보 교회 신자들은 서로 사이가 좋지 않았습니다. 그러니 신앙생활 하는 기쁨이 없었고, 마음과 힘을 합할 수 없었으니 복음 역사를 감당하기도 힘들었을 것입니다.

바울은 이들에게 먼저 그들이 세상 사람들과는 다른 마음과 다른 가치관을 가져야 할 것을 가르칩니다. 그들은 그리스도 안에서 힘을 얻었고, 그의 사랑에서 오는 위로를 얻었고, 성령과의 교제, 긍휼과 자비를 얻었습니다. 그러므로 그들은 같은 마음과 같은 사랑을 가지고 뜻을 합하고 마음을 합해야 합니다. 또 자기보다 남을 낫게 여기고, 자기 일을 돌볼 뿐 아니라 다른 사람들의 일을 돌아보아야 합니다. 예수님을 믿는 사람들은 자기 혼자 잘 되는 것보다 다른 사람들과 마음을 같이 하는 것을 더 기뻐하는 사람들입니다.

2. 그리스도 예수의 마음을 품으라(5-11)

그러나 이 모든 것들이 사람의 힘으로는 되지 않습니다. 그 마음이 바뀌어야만 합니다. 그리스도 예수님의 마음을 품어야 합니다. 예수님은 본래 하나님과 같은 분이셨지만 그 영광과 존귀를 비우고 사람이 되셨습니다. 또 종이 되시기까지 자기를 낮추시고, 십자가에 죽기까지 하나님께 복종하셨습니다. 하나님은 이러한 예수님을 지극히 높이셨습니다. 예수님의 겸손한 마음을 가져야 신자다운 삶을 살 수 있습니다.

기도 주님! 주님께서는 자신을 비우고 낮추시고 섬김으로써 하나님의 높임을 받으셨습니다. 제가 이 마음을 품게 해 주십시오.

한마디 "예수님 마음, 겸손한 마음"

Note

1 그러므로 그리스도 안에 무슨 권면이나 사랑의 무슨 위로나 성령의 무슨 교제나 긍휼이나 자비가 있거든
2 마음을 같이하여 같은 사랑을 가지고 뜻을 합하며 한마음을 품어
3 아무 일에든지 다툼이나 허영으로 하지 말고 오직 겸손한 마음으로 각각 자기보다 남을 낫게 여기고
4 각각 자기 일을 돌볼뿐더러 또한 각각 다른 사람들의 일을 돌보아 나의 기쁨을 충만하게 하라.
5 너희 안에 이 마음을 품으라. 곧 그리스도 예수의 마음이니
6 그는 근본 하나님의 본체시나 하나님과 동등됨을 취할 것으로 여기지 아니하시고
7 오히려 자기를 비워 종의 형체를 가지사 사람들과 같이 되셨고
8 사람의 모양으로 나타나사 자기를 낮추시고 죽기까지 복종하셨으니 곧 십자가에 죽으심이라.
9 이러므로 하나님이 그를 지극히 높여 모든 이름 위에 뛰어난 이름을 주사
10 하늘에 있는 자들과 땅에 있는 자들과 땅 아래에 있는 자들로 모든 무릎을 예수의 이름에 꿇게 하시고
11 모든 입으로 예수 그리스도를 주라 시인하여 하나님 아버지께 영광을 돌리게 하셨느니라.

67 네게 부탁한 아름다운 것

디모데후서 1:1–14

요절 "우리 안에 거하시는 성령으로 말미암아 네게 부탁한 아름다운 것을 지키라."(14)

1. 하나님이 우리에게 주신 것 (1–8)

디모데는 사도 바울의 수제자요, 에베소 교회 복음역사를 계승한 사람입니다. 그는 깨끗한 양심과 거짓 없는 믿음을 가진 사람이었습니다. 그는 특히 눈물이 많은 사람이었습니다(4). 그는 그만큼 진실하고 심정이 있는 사람이었지만 마음이 약했습니다. 에베소 교회에는 많은 문제가 있었기 때문에 바울은 그가 또 다시 눈물 흘리고 있을 것을 알고 그를 격려하고자 합니다.

먼저 그는 '하나님이 우리에게 주신 것'이 무엇인가를 깨우쳐줍니다. 하나님이 우리에게 주신 것은 두려워하는 마음이 아닙니다. 그것은 마귀가 주는 것입니다. 하나님은 우리에게 능력과 사랑과 절제하는 마음(자기를 절제하고 약점을 극복할 수 있는 의지)을 주셨습니다. 이것은 예수님을 믿는 모든 사람들에게 주신 하나님의 은사입니다. 디모데는 눈물을 흘릴게 아니라 하나님이 주시는 은사를 적극적으로 사용하여 불일 듯 하게 해야 합니다.

2. 바르고 아름다운 것 (9–14)

다음에 바울은 복음을 지킬 것을 강권합니다. 우리 구주 그리스도 예수님께서는 사망을 폐하시고 복음으로써 생명이 무엇이며 영원한 것이 무엇인가를 드러냈습니다(10). 그래서 복음은 '바른 말'이요(13), 아름다운 것입니다(14). 복음에 '진선미(眞善美)'가 있습니다. 디모데는 눈물을 흘릴 게 아니라 이 복음을 지키며 또 이 복음의 반포자요 사도요 교사가 되어야 합니다.

기도 주님께서 제게 정말 귀한 것을 주셨음을 깨닫습니다.
제가 두려움을 버리고 적극적으로 이를 감당하겠습니다. 도와주십시오.

한마디 "복음, 바르고 아름다운 것"

Note

1 하나님의 뜻으로 말미암아 그리스도 예수 안에 있는 생명의 약속대로 그리스도 예수의 사도 된 바울은
2 사랑하는 아들 디모데에게 편지하노니 하나님 아버지와 그리스도 예수 우리 주께로부터 은혜와 긍휼과 평강이 네게 있을지어다.
3 내가 밤낮 간구하는 가운데 쉬지 않고 너를 생각하여 청결한 양심으로 조상적부터 섬겨 오는 하나님께 감사하고
4 네 눈물을 생각하여 너 보기를 원함은 내 기쁨이 가득하게 하려 함이니
5 이는 네 속에 거짓이 없는 믿음이 있음을 생각함이라. 이 믿음은 먼저 네 외조모 로이스와 네 어머니 유니게 속에 있더니 네 속에도 있는 줄을 확신하노라.
6 그러므로 내가 나의 안수함으로 네 속에 있는 하나님의 은사를 다시 불일듯 하게 하기 위하여 너로 생각하게 하노니
7 하나님이 우리에게 주신 것은 두려워하는 마음이 아니요, 오직 능력과 사랑과 절제하는 마음이니
8 그러므로 너는 내가 우리 주를 증언함과 또는 주를 위하여 갇힌 자 된 나를 부끄러워하지 말고 오직 하나님의 능력을 따라 복음과 함께 고난을 받으라.
9 하나님이 우리를 구원하사 거룩하신 소명으로 부르심은 우리의 행위대로 하심이 아니요, 오직 자기의 뜻과 영원 전부터 그리스도 예수 안에서 우리에게 주신 은혜대로 하심이라.
10 이제는 우리 구주 그리스도 예수의 나타나심으로 말미암아 나타났으니 그는 사망을 폐하시고 복음으로써 생명과 썩지 아니할 것을 드러내신지라.
11 내가 이 복음을 위하여 선포자와 사도와 교사로 세우심을 입었노라.
12 이로 말미암아 내가 또 이 고난을 받되 부끄러워하지 아니함은 내가 믿는 자를 내가 알고 또한 내가 의탁한 것을 그 날까지 그가 능히 지키실 줄을 확신함이라.
13 너는 그리스도 예수 안에 있는 믿음과 사랑으로써 내게 들은 바 바른 말을 본받아 지키고
14 우리 안에 거하시는 성령으로 말미암아 네게 부탁한 아름다운 것을 지키라.

68 그리스도 예수의 좋은 병사

디모데후서 2:1-13

요절 "그리스도 예수의 좋은 병사로 나와 함께 고난을 받으라"(3)

바울은 눈물 많은 디모데를 위해 이 편지를 쓰고 있습니다(1:4). 오늘 말씀에서는 그가 그리스도의 병사인 것을 깨우쳐줍니다. 신자는 자신의 믿음을 지키기 위해서 싸워야 하고, 양들을 죄와 사단의 권세로부터 구원하기 위해 싸워야 합니다. 우리는 과거에 물질과 권세와 명예, 그리고 정욕을 위해서 비열한 싸움을 했습니다. 그런데 이제 믿음과 구원을 위한 좋은 싸움을 싸우게 되었으니(4:7), 이것이 진정한 복입니다. 그러면 그리스도의 병사로서 신자는 어떠해야 합니까?

첫째, 강해야 합니다(1). 병사가 약하면 다른 병사에게 부담이 되고 사기를 떨어뜨립니다. 그래서 적보다 더 큰 원수가 됩니다. 그러면 신자가 어떻게 강해질 수 있습니까? 그리스도 안에 있는 은혜 가운데서 강해질 수 있습니다. 그리스도의 구원의 은혜와 부르심의 은혜를 굳게 붙들 때 강해집니다.

둘째, 고난을 받아야 합니다(2-13). 병사는 자기보다 그를 병사로 모집한 자를 기쁘게 해야 합니다. 그래서 고난이 있습니다. 어떤 이들은 신자에게 고난이 있는 것을 이상하게 생각하고 잘못 되었다 생각합니다. 그러나 신자가 고난을 당해야 하는 것은 병사가 고난을 받아야 하고, 경기하는 자가 법을 지켜야 하고, 농부가 수고해야 하는 것만큼이나 당연한 일입니다. 예수님도 고난을 받음으로써 부활하셨고, 사도 바울도 복음을 전하기 위해 고난을 받았습니다.

기도 주님! 제가 그리스도의 병사임을 영접합니다.
이제부터 강해지겠습니다. 자발적으로 고난을 받겠습니다.

한마디 "신자는 병사"

Note

1 내 아들아, 그러므로 너는 그리스도 예수 안에 있는 은혜 가운데서 강하고
2 또 네가 많은 증인 앞에서 내게 들은 바를 충성된 사람들에게 부탁하라. 그들이 또 다른 사람들을 가르칠 수 있으리라.
3 너는 그리스도 예수의 좋은 병사로 나와 함께 고난을 받으라.
4 병사로 복무하는 자는 자기 생활에 얽매이는 자가 하나도 없나니 이는 병사로 모집한 자를 기쁘게 하려 함이라.
5 경기하는 자가 법대로 경기하지 아니하면 승리자의 관을 얻지 못할 것이며
6 수고하는 농부가 곡식을 먼저 받는 것이 마땅하니라.
7 내가 말하는 것을 생각해 보라. 주께서 범사에 네게 총명을 주시리라.
8 내가 전한 복음대로 다윗의 씨로 죽은 자 가운데서 다시 살아나신 예수 그리스도를 기억하라.
9 복음으로 말미암아 내가 죄인과 같이 매이는 데까지 고난을 받았으나 하나님의 말씀은 매이지 아니하니라.
10 그러므로 내가 택함 받은 자들을 위하여 모든 것을 참음은 그들도 그리스도 예수 안에 있는 구원을 영원한 영광과 함께 받게 하려 함이라.
11 미쁘다, 이 말이여. 우리가 주와 함께 죽었으면 또한 함께 살 것이요.
12 참으면 또한 함께 왕 노릇 할 것이요, 우리가 주를 부인하면 주도 우리를 부인하실 것이라.
13 우리는 미쁨이 없을지라도 주는 항상 미쁘시니 자기를 부인하실 수 없으시리라.

69 인정받는 일꾼

디모데후서 2:14-26

요절 "너는 진리의 말씀을 옳게 분별하며 부끄러울 것이 없는 일꾼으로 인정된 자로 자신을 하나님 앞에 드리기를 힘쓰라."(15)

1. 진리의 말씀을 옳게 분별하라 (14-20)

시비를 분명히 하고 잘못을 깨우쳐 주기 위해 말다툼은 필요할 것 같습니다. 그러나 바울은 거기에 유익이란 하나도 없고 도리어 사람을 망하게 하며(14), 불경건히게 할 뿐이라고 말합니다(16). 말다툼은 악성 바이러스와 같아서 모두를 병들게 합니다(17).

그리스도의 일꾼으로 인정 받으려면 말다툼에서 이기는 기술을 배우기보다도 진리의 말씀인 성경을 옳게 분별할 수 있는 사람이 되기 위해 힘을 써야 합니다(15). '옳게 분별한다'는 것은 하나님의 말씀을 '잘 다룬다'는 뜻인데, 하나님의 말씀을 바르게 해석해서 정확히 가르치는 것을 말합니다.

2. 청년의 정욕을 피하라 (21-24)

하나님께 귀히 쓰임 받는 그릇은 좋은 그릇이 아니라 깨끗한 그릇입니다. 하나님에게는 더러운 금 그릇보다 깨끗한 질그릇이 귀합니다. 깨끗한 사람이 되려면 청년의 정욕을 피해야 합니다. 정욕을 피하지 않고서는 결코 깨끗해질 수 없습니다. 거기에 빠지지만 않는다면 적당하게 즐기는 것은 괜찮겠지 하고 생각하기보다 아예 피해야 합니다(22a). 또 친구가 중요합니다. 깨끗한 마음으로 주님을 찾는 사람들과 사귀며 의와 믿음과 사랑과 평화를 따라야 합니다(22b). 더 나아가 온유한 사람이 되기에 힘써야 합니다. 잘 싸우는 사람보다 온유한 사람이 구원하는 데 쓰임 받습니다.

기도 주님! 하나님께 인정받는 일꾼으로 성장하고 싶습니다. 제가 말씀 공부를 사랑하며 깨끗한 마음을 갖도록 도와주십시오.

한마디 "말씀을 옳게 분별하는 일꾼"

Note

14 너는 그들로 이 일을 기억하게 하여 말다툼을 하지 말라고 하나님 앞에서 엄히 명하라. 이는
유익이 하나도 없고 도리어 듣는 자들을 망하게 함이라.
15 너는 진리의 말씀을 옳게 분별하며 부끄러울 것이 없는 일꾼으로 인정된 자로 자신을 하나님 앞에
드리기를 힘쓰라.
16 망령되고 헛된 말을 버리라. 그들은 경건하지 아니함에 점점 나아가나니
17 그들의 말은 악성 종양이 퍼져나감과 같은데 그 중에 후메내오와 빌레도가 있느니라.
18 진리에 관하여는 그들이 그릇되었도다. 부활이 이미 지나갔다 함으로 어떤 사람들의 믿음을
무너뜨리느니라.
19 그러나 하나님의 견고한 터는 섰으니 인침이 있어 일렀으되 주께서 자기 백성을 아신다 하며 또
주의 이름을 부르는 자마다 불의에서 떠날지어다 하였느니라.
20 큰 집에는 금 그릇과 은 그릇뿐 아니라 나무 그릇과 질그릇도 있어 귀하게 쓰는 것도 있고 천하게
쓰는 것도 있나니
21 그러므로 누구든지 이런 것에서 자기를 깨끗하게 하면 귀히 쓰는 그릇이 되어 거룩하고 주인의
쓰심에 합당하며 모든 선한 일에 준비함이 되리라.
22 또한 너는 청년의 정욕을 피하고 주를 깨끗한 마음으로 부르는 자들과 함께 의와 믿음과 사랑과
화평을 따르라.
23 어리석고 무식한 변론을 버리라. 이에서 다툼이 나는 줄 앎이라.
24 주의 종은 마땅히 다투지 아니하고 모든 사람에 대하여 온유하며 가르치기를 잘하며 참으며
25 거역하는 자를 온유함으로 훈계할지니 혹 하나님이 그들에게 회개함을 주사 진리를 알게 하실까 하며
26 그들로 깨어 마귀의 올무에서 벗어나 하나님께 사로잡힌 바 되어 그 뜻을 따르게 하실까 함이라.

70 고통하는 시대에서의 성경

디모데후서 3:1-17

요절 "성경은 능히 너로 하여금 그리스도 예수 안에 있는 믿음으로 말미암아 구원에 이르는 지혜가 있게 하느니라."(15)

사람들은 세상이 점점 진화되고 발전해 가는 과정에 있다고 말합니다. 특히 과학 문명의 발달로 장차에는 테크노피아가 이를 것이라 말합니다. 그러나 성경은 장차 세상에 말세가 이를 것이며, 고통하는 시대가 될 것임을 일깨워 줍니다. 가치관이 전도되어 사람들은 하나님보다도 자기를 사랑하고, 돈을 사랑하고, 쾌락을 사랑하게 됩니다. 자기를 사랑하기 때문에 경쟁심과 열등감과 고독에 시달립니다. 돈을 사랑하기 때문에 온갖 죄를 짓고, 돈보다 더 더러워지고, 돈 때문에 돌기까지 합니다. 또 쾌락을 사랑하다가 알콜 중독, 마약 중독, 게임 중독, 성중독 등 각종의 중독증으로 고통하며 폐인이 됩니다. 이런 모든 고통 때문에 인간성이 황폐해져서 무정하고 사나워집니다. 말세는 고통하는 때요, 세상은 살만한 곳이 아니라 고통스런 곳이 되어 버립니다.

말세의 고통하는 때에 우리가 어떻게 해야 합니까? 성경이 희망입니다. 성경은 우리로 하여금 그리스도를 믿는 믿음으로 말미암는 구원의 지혜를 줄 수 있습니다(15). 세상에 그렇게 많은 책이 있지만 구원의 지혜에 이르게 하는 책은 성경밖에 없습니다. 모든 성경은 하나님의 감동(영감)으로 되었습니다. 그래서 교훈과 책망과 바르게 함과 의로 교육하기에 유익합니다. 성경은 사람을 온전하게 하며 선한 일을 하는 사람으로 변화시켜 줍니다.

기도 주님! 지금이 바로 말세의 고통하는 때인 것을 절감합니다. 제가 성경 말씀으로 구원을 얻고 온전한 사람이 되기를 원합니다.

한마디 "성경, 고통하는 시대의 희망"

Note

1 너는 이것을 알라. 말세에 고통하는 때가 이르러
2 사람들이 자기를 사랑하며 돈을 사랑하며 자랑하며 교만하며 비방하며 부모를 거역하며 감사하지 아니하며 거룩하지 아니하며
3 무정하며 원통함을 풀지 아니하며 모함하며 절제하지 못하며 사나우며 선한 것을 좋아하지 아니하며
4 배신하며 조급하며 자만하며 쾌락을 사랑하기를 하나님 사랑하는 것보다 더하며
5 경건의 모양은 있으나 경건의 능력은 부인하니 이같은 자들에게서 네가 돌아서라.
6 그들 중에 남의 집에 가만히 들어가 어리석은 여자를 유인하는 자들이 있으니 그 여자는 죄를 중히 지고 여러 가지 욕심에 끌린 바 되어
7 항상 배우나 끝내 진리의 지식에 이를 수 없느니라.
8 얀네와 얌브레가 모세를 대적한 것 같이 그들도 진리를 대적하니 이 사람들은 그 마음이 부패한 자요 믿음에 관하여는 버림 받은 자들이라.
9 그러나 그들이 더 나아가지 못할 것은 저 두 사람이 된 것과 같이 그들의 어리석음이 드러날 것임이라.
10 나의 교훈과 행실과 의향과 믿음과 오래 참음과 사랑과 인내와
11 박해를 받음과 고난과 또한 안디옥과 이고니온과 루스드라에서 당한 일과 어떠한 박해를 받은 것을 네가 과연 보고 알았거니와 주께서 이 모든 것 가운데서 나를 건지셨느니라.
12 무릇 그리스도 예수 안에서 경건하게 살고자 하는 자는 박해를 받으리라.
13 악한 사람들과 속이는 자들은 더욱 악하여져서 속이기도 하고 속기도 하나니
14 그러나 너는 배우고 확신한 일에 거하라. 너는 네가 누구에게서 배운 것을 알며
15 또 어려서부터 성경을 알았나니 성경은 능히 너로 하여금 그리스도 예수 안에 있는 믿음으로 말미암아 구원에 이르는 지혜가 있게 하느니라.
16 모든 성경은 하나님의 감동으로 된 것으로 교훈과 책망과 바르게 함과 의로 교육하기에 유익하니
17 이는 하나님의 사람으로 온전하게 하며 모든 선한 일을 행할 능력을 갖추게 하려 함이라.

71 푯대를 향하여

빌립보서 3:12-21

요절 "푯대를 향하여 그리스도 예수 안에서 하나님이 위에서…"(14)

1. 푯대를 향하여

우리 삶에 목표가 없으면 방황하거나 유혹에 약해집니다. 삶을 허비하게 되고 결국에는 열매 없는 삶을 살게 됩니다. 삶은 제한 되어있는데, 우리가 이런 삶을 살 수는 없습니다.

사도 바울은 예수 그리스도를 아는 지식이 가장 고상하다는 것을 알았습니다. 그러나 아는 것으로 그치지 않았습니다. 그것을 위해 모든 것을 다 배설물로 여기고 해로 여겼습니다. 그렇게 하고서도 그는 이미 얻었다거나 완전한 사람이 되었다고 생각하지 않았습니다. 그는 예수님에게 사로잡혔고, 예수님을 향하여 끊임없이 달려갔습니다. 그는 잘 한 것을 자랑하려고 안달하지 않았고, 잘못한 것을 감추거나 후회하거나 안타까워하느라고 허비하지 않았습니다. 그는 뒤에 있는 것은 잊어버리고 오직 예수 그리스도라는 푯대를 향하여 달려갔습니다.

2. 부름의 상을 위하여

예수님을 푯대로 하여 달려가는 그의 궁극적인 목표는 하나님이 위에서 부르신 부름의 상이었습니다(14). 그는 세상의 상을 구하지 않았습니다. 그가 예수 그리스도라는 최고의 지식을 위해 달려가는 것은 최고의 상을 얻기 위함이었습니다. 하나님이 부르신 자들에게 주시는 하나님 나라의 상이었습니다. 성숙한 신자들은 바울과 같은 목표를 가져야 하고, 하나님 나라의 상을 바라보고 달려야 합니다(15-17). 우리의 시민권은 하늘에 있습니다.

기도 주님! 제가 세상의 상보다 하나님의 상을 바라보고
끊임없이 달려가는 성숙한 사람이 되도록 도와주십시오.

한마디 "하나님의 상을 향해"

Note

12 내가 이미 얻었다 함도 아니요, 온전히 이루었다 함도 아니라. 오직 내가 그리스도 예수께 잡힌 바 된
그것을 잡으려고 달려가노라.
13 형제들아, 나는 아직 내가 잡은 줄로 여기지 아니하고 오직 한 일 즉 뒤에 있는 것은 잊어버리고
앞에 있는 것을 잡으려고
14 푯대를 향하여 그리스도 예수 안에서 하나님이 위에서 부르신 부름의 상을 위하여 달려가노라.
15 그러므로 누구든지 우리 온전히 이룬 자들은 이렇게 생각할지니 만일 어떤 일에 너희가 달리
생각하면 하나님이 이것도 너희에게 나타내시리라.
16 오직 우리가 어디까지 이르렀든지 그대로 행할 것이라.
17 형제들아, 너희는 함께 나를 본받으라. 그리고 너희가 우리를 본받은 것처럼 그와 같이 행하는
자들을 눈여겨 보라.
18 내가 여러 번 너희에게 말하였거니와 이제도 눈물을 흘리며 말하노니 여러 사람들이 그리스도의
십자가의 원수로 행하느니라.
19 그들의 마침은 멸망이요, 그들의 신은 배요, 그 영광은 그들의 부끄러움에 있고 땅의 일을 생각하는 자라.
20 그러나 우리의 시민권은 하늘에 있는지라. 거기로부터 구원하는 자 곧 주 예수 그리스도를 기다리노니
21 그는 만물을 자기에게 복종하게 하실 수 있는 자의 역사로 우리의 낮은 몸을 자기 영광의 몸의
형체와 같이 변하게 하시리라.

제 72 일 – 제 76 일

부르심

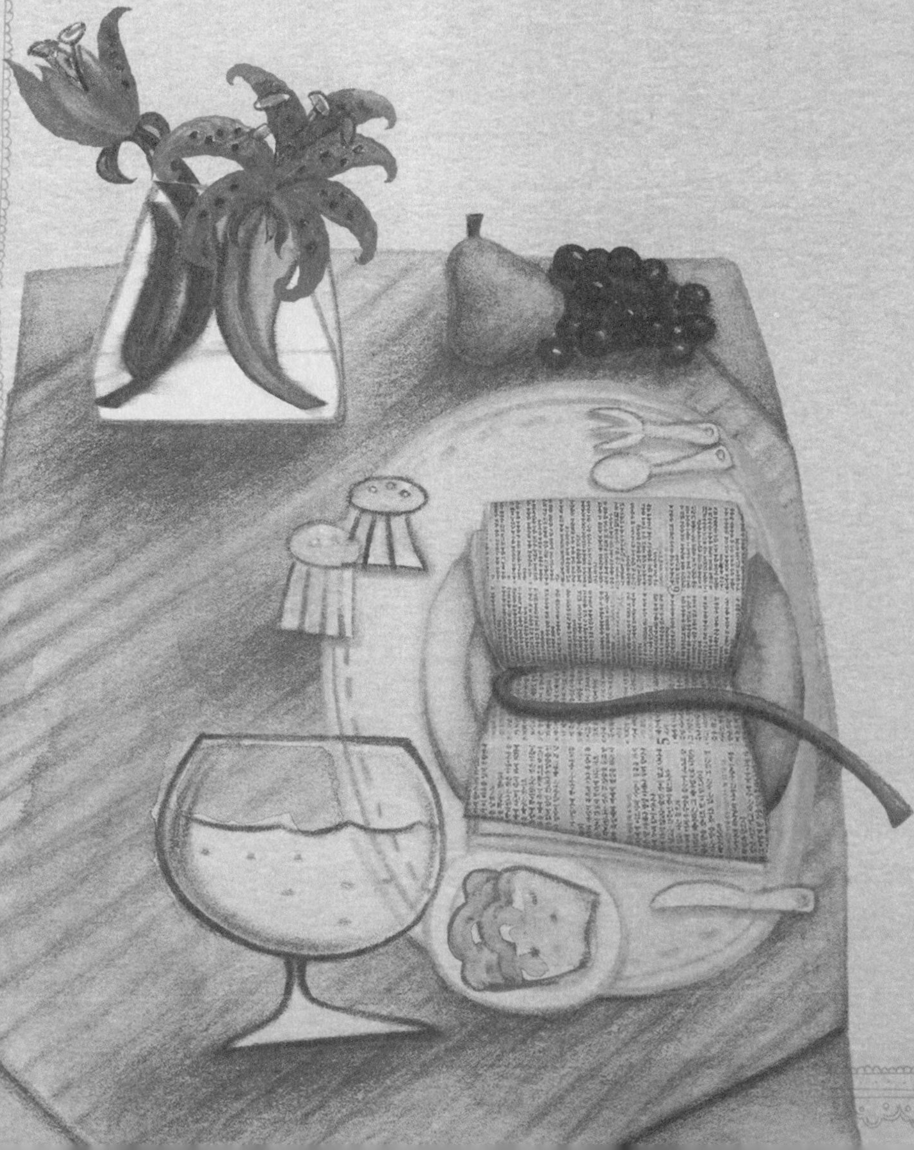

72

아브람을 부르신 하나님

창세기 12:1-9

요절 "내가 너로 큰 민족을 이루고 네게 복을 주어 네 이름을 창대하게 하리니 너는 복이 될지라."(2)

1. 아브람을 복으로 삼으신 하나님 (1-3)

하나님께서는 아브람을 부르시면서 말씀하셨습니다. "내가 너로 큰 민족을 이루고 네게 복을 주어 네 이름을 창대하게 하리니, 너는 복이 될지라." 아담이 하나님의 말씀을 버리고 사단의 말을 들어 범죄한 이래로 세상은 죄로 가득했습니다. 그런데 하나님께서는 이 세상을 구원하고자 하셨습니다. 세상에 죄가 가득함에도 불구하고 하나님은 결코 희망을 버리지 않으십니다.

세상을 구원하시고자 하나님은 한 사람 아브람을 부르십니다. 온 세상을 구원하고자 하시는 하나님의 계획은 '한 사람'으로부터 시작됩니다. 하나님은 한 사람을 부르셔서 그에게 복을 주시고 또 그를 복으로 삼아 땅의 모든 족속이 그로 인하여 복을 얻게 하십니다(3).

2. 말씀을 따라 간 아브람 (4-9)

하나님은 아브람을 부르시면서 "너는 너의 고향과 친척과 아버지의 집을 떠나 내가 네게 보여 줄 땅으로 가라."고 명령하셨습니다. 아브람이 하나님을 따르고 복이 되려면 이제까지의 인간관계와 거기서 형성된 인간적인 사고방식과 생활 방식을 떠나야 합니다.

그가 고향과 가족들을 떠나 어딘지 모를 곳을 향해 떠나는 일은 힘듭니다. 그러나 아브람은 하나님의 말씀을 따라갔습니다. 하나님의 말씀에 순종하는 것이 복이 되는 첫걸음입니다.

기도 주님! 저를 복 삼으셔서 세상만민을 구원코자 하시는 하나님의 뜻을 영접합니다. 제가 말씀에 순종하겠습니다.

한마디 "너는 복이 될지라."

Note

1 여호와께서 아브람에게 이르시되 "너는 너의 고향과 친척과 아버지의 집을 떠나 내가 네게
보여 줄 땅으로 가라.
2 내가 너로 큰 민족을 이루고 네게 복을 주어 네 이름을 창대하게 하리니 너는 복이 될지라.
3 너를 축복하는 자에게는 내가 복을 내리고 너를 저주하는 자에게는 내가 저주하리니 땅의 모든
족속이 너로 말미암아 복을 얻을 것이라 하신지라."
4 이에 아브람이 여호와의 말씀을 따라갔고 롯도 그와 함께 갔으며 아브람이 하란을 떠날 때에
칠십오 세였더라.
5 아브람이 그의 아내 사래와 조카 롯과 하란에서 모은 모든 소유와 얻은 사람들을 이끌고 가나안
땅으로 가려고 떠나서 마침내 가나안 땅에 들어갔더라.
6 아브람이 그 땅을 지나 세겜 땅 모레 상수리나무에 이르니 그 때에 가나안 사람이 그 땅에 거주하였더라.
7 여호와께서 아브람에게 나타나 이르시되 "내가 이 땅을 네 자손에게 주리라 하신지라." 자기에게
나타나신 여호와께 그가 그 곳에서 제단을 쌓고
8 거기서 벧엘 동쪽 산으로 옮겨 장막을 치니 서쪽은 벧엘이요 동쪽은 아이라. 그가 그 곳에서
여호와께 제단을 쌓고 여호와의 이름을 부르더니
9 점점 남방으로 옮겨갔더라.

73

큰 용사여!

사사기 6:1-18

요절 "여호와의 사자가 기드온에게 나타나 이르되 큰 용사여 여호와께서 너와 함께 계시도다."(12)

1. 큰 용사여(1-12)

당시 이스라엘은 미디안의 지배 아래 있었습니다. 미디안이 쳐들어와 곡식이고 짐승이고 남겨두지 않았고, 이스라엘은 산에다 구멍과 굴을 파고 겨우 목숨을 부지했습니다. 그때에야 이스라엘은 하나님께 부르짖었는데, 이때도 역시 하나님은 그들을 구원하시려고 기드온 한 사람을 부르심으로써 그 일을 시작하셨습니다.

그러나 기드온도 역시 미디안의 눈을 피해 포도주 틀에서 밀을 타작해서 먹고 살았습니다. 어려운 때에 태어나서 자기 땅에서조차 기를 펴지 못하는 사람이었습니다. 그런데 여호와의 사자는 그를 찾아와 "큰 용사여, 여호와께서 너와 함께 계시도다." 하면서 그를 부릅니다. 물론 기드온은 현실적으로 전혀 큰 용사가 아니었습니다. 그러나 하나님께서 그를 부르셨기 때문에 그가 큰 용사요, 또 하나님이 그와 함께 하실 것이기 때문에 큰 일을 할 수 있습니다.

2. 너는 이 네 힘을 의지하고 가라(13-18)

기드온은 하나님께서 그들과 함께 하시는 것을 믿을 수 없었습니다. 또 자신의 집안도 약하고 자신도 작은 자에 불과했습니다. 그런데 하나님은 "이 네 힘을 의지하고 가라"고 말씀하십니다(14a). 이스라엘이나 기드온의 힘이 미약하지만, 하나님이 그를 보내셨다는 것과(14b), 하나님께서 함께 하시리라는 것을 믿을 때(16), 그는 이스라엘을 구원할 수 있습니다.

기도 주님! 두려움 때문에 기죽어 지냈던 저를 용서해 주십시오. 하나님께서 함께 하실 때 큰 용사가 될 수 있을 것을 믿습니다.

한마디 "큰 용사여!"

Note

1 이스라엘 자손이 또 여호와의 목전에 악을 행하였으므로 여호와께서 칠 년 동안 그들을 미디안의
손에 넘겨 주시니
2 미디안의 손이 이스라엘을 이긴지라 이스라엘 자손이 미디안으로 말미암아 산에서 웅덩이와
굴과 산성을 자기들을 위하여 만들었으며
3 이스라엘이 파종한 때면 미디안과 아말렉과 동방 사람들이 치러 올라와서
4 진을 치고 가사에 이르도록 토지 소산을 멸하여 이스라엘 가운데에 먹을 것을 남겨 두지 아니하며
양이나 소나 나귀도 남기지 아니하니
5 이는 그들이 그들의 짐승과 장막을 가지고 올라와 메뚜기 떼 같이 많이 들어오니 그 사람과 낙타가
무수함이라. 그들이 그 땅에 들어와 멸하려 하니
6 이스라엘이 미디안으로 말미암아 궁핍함이 심한지라. 이에 이스라엘 자손이 여호와께 부르짖었더라.
7 이스라엘 자손이 미디안으로 말미암아 여호와께 부르짖었으므로
8 여호와께서 이스라엘 자손에게 한 선지자를 보내시니 그가 그들에게 이르되 "여호와께서 이같이
말씀하시기를 이스라엘의 하나님 내가 너희를 애굽에서 인도하여 내며 너희를 그 종 되었던 집에서
나오게 하여
9 애굽 사람의 손과 너희를 학대하는 모든 자의 손에서 너희를 건져내고 그들을 너희 앞에서 쫓아내고
그 땅을 너희에게 주었으며
10 내가 또 너희에게 이르기를 나는 너희의 하나님 여호와이니 너희가 거주하는 아모리 사람의 땅의
신들을 두려워하지 말라 하였으나 너희가 내 목소리를 듣지 아니하였느니라." 하셨다 하니라.
11 여호와의 사자가 아비에셀 사람 요아스에게 속한 오브라에 이르러 상수리나무 아래에 앉으니라.
마침 요아스의 아들 기드온이 미디안 사람에게 알리지 아니하려 하여 밀을 포도주 틀에서 타작하더니
12 여호와의 사자가 기드온에게 나타나 이르되 "큰 용사여 여호와께서 너와 함께 계시도다." 하매
13 기드온이 그에게 대답하되 "오, 나의 주여. 여호와께서 우리와 함께 계시면 어찌하여 이 모든 일이
우리에게 일어났나이까? 또 우리 조상들이 일찍이 우리에게 이르기를 여호와께서 우리를 애굽에서
올라오게 하신 것이 아니냐 한 그 모든 이적이 어디 있나이까? 이제 여호와께서 우리를 버리사
미디안의 손에 우리를 넘겨 주셨나이다." 하니
14 여호와께서 그를 향하여 이르시되 "너는 가서 이 너의 힘으로 이스라엘을 미디안의 손에서
구원하라. 내가 너를 보낸 것이 아니냐?" 하시니라.
15 그러나 기드온이 그에게 대답하되 "오, 주여. 내가 무엇으로 이스라엘을 구원하리이까? 보소서.
나의 집은 므낫세 중에 극히 약하고 나는 내 아버지 집에서 가장 작은 자니이다." 하니
16 여호와께서 그에게 이르시되 "내가 반드시 너와 함께 하리니 네가 미디안 사람 치기를 한 사람을
치듯 하리라." 하시니라.
17 기드온이 그에게 대답하되 "만일 내가 주께 은혜를 얻었사오면 나와 말씀하신 이가 주 되시는 표징을
내게 보이소서.
18 내가 예물을 가지고 다시 주께로 와서 그것을 주 앞에 드리기까지 이 곳을 떠나지 마시기를
원하나이다." 하니 그가 이르되 "내가 너 돌아올 때까지 머무르리라." 하니라.

74 시몬 베드로를 취하신 예수님

누가복음 5:1-11

요절 "무서워하지 말라. 이제 후로는 네가 사람을 취하리라."(10b)

1. 깊은 데로 가서 고기를 잡으라(1-7)

게네사렛 호수에서 고기 잡던 시몬 베드로, 그는 그 날 아무 것도 잡지 못했습니다. 그런데 예수님은 그에게 "깊은 데로 가서 그물을 내려 고기를 잡으라"고 말씀하셨습니다(4). 상식적으로나 체험적으로나 예수님의 말씀은 순종하기 힘들었습니다. 그러나 그 말씀에 순종했을 때 그는 두 배가 잠길 만큼 많은 고기를 잡게 되었습니다. 그는 예수님의 말씀에 순종함으로써 고기도 많이 잡고 또 예수님이 진정 어떤 분이신가를 체험할 수 있었습니다.

2. 이제 후로는 사람을 취하리라(8-11)

많은 고기가 잡힌 것을 보고 베드로는 예수님의 무릎 아래 엎드려 말합니다. "주여, 나를 떠나소서. 나는 죄인이로소이다."(8) 그가 예수님이 전능하신 하나님이신 것을 알았을 때 그는 그 앞에서 자신은 죄인인 것을 깨닫게 되었습니다. 이런 그에게 예수님은 "무서워하지 말라"고 하시면서 죄 사함을 주셨습니다. 그리고 말씀하셨습니다. "이제 후로는 네가 사람을 취하리라."(10b)

이제까지 그는 물질을 얻기 위한 삶, 그리고 자신과 자신의 가족들만을 위한 삶을 살았습니다. 그런데 베드로는 하나님이신 예수님 앞에서 그것이 죄임을 깨닫고 예수님 앞에 엎드렸습니다. 이런 그에게 예수님은 사람을 취하여 구원을 얻게 하는 삶, 사명을 위한 삶을 살도록 방향을 주셨습니다. 죄인으로서, 또 덧없이 살다가 죽을 수밖에 없었던 그에게 그것은 진정 복된 삶이었습니다.

기도 주님! 이 아침에 제가 죄인인 것과 제 사명이 무엇인가를 깨닫습니다. 이제 후로는 제가 사명인의 삶을 살기 원합니다.

한마디 "이제 후로는"

Note

1 무리가 몰려와서 하나님의 말씀을 들을새 예수는 게네사렛 호숫가에 서서
2 호숫가에 배 두 척이 있는 것을 보시니 어부들은 배에서 나와서 그물을 씻는지라.
3 예수께서 한 배에 오르시니 그 배는 시몬의 배라 육지에서 조금 떼기를 청하시고 앉으사 배에서
무리를 가르치시더니
4 말씀을 마치시고 시몬에게 이르시되 깊은 데로 가서 그물을 내려 고기를 잡으라.
5 시몬이 대답하여 이르되 "선생님 우리들이 밤이 새도록 수고하였으되 잡은 것이 없지마는 말씀에
의지하여 내가 그물을 내리리이다." 하고
6 그렇게 하니 고기를 잡은 것이 심히 많아 그물이 찢어지는지라.
7 이에 다른 배에 있는 동무들에게 손짓하여 와서 도와 달라 하니 그들이 와서 두 배에 채우매
잠기게 되었더라.
8 시몬 베드로가 이를 보고 예수의 무릎 아래에 엎드려 이르되 "주여 나를 떠나소서. 나는 죄인
이로소이다." 하니
9 이는 자기 및 자기와 함께 있는 모든 사람이 고기 잡힌 것으로 말미암아 놀라고
10 세베대의 아들로서 시몬의 동업자인 야고보와 요한도 놀랐음이라. 예수께서 시몬에게 이르시되
"무서워하지 말라. 이제 후로는 네가 사람을 취하리라." 하시니
11 그들이 배들을 육지에 대고 모든 것을 버려 두고 예수를 따르니라.

75 열두 사도를 세우신 예수님

마가복음 3:1-19

요절 "이는 자기와 함께 있게 하시고 또 보내사 전도도 하며 귀신을 내쫓는 권능도 가지게 하려 하심이러라."(14,15)

1. 한쪽 손 마른 사람을 고치신 예수님 (1-6)

어느 안식일 날 예수님이 회당에서 말씀을 가르치실 때 한쪽 손 마른 사람이 거기 있었습니다. 그런데 바리새인들은 예수님이 안식일임에도 불구하고 그를 고쳐주시면 안식일 율법을 어겼다고 하여 예수님을 체포하고자 지켜보고 있었습니다. 그들은 예수님을 제거하고자 불쌍한 사람을 이용하고, 안식일의 율법을 이용했습니다. 그 시대 양심이 되어야 할 종교지도자들이 옳은 일보다 유익을 좇았고, 생명을 살리기보다 죽이고자 했습니다. 예수님은 이들을 보고 심히 근심하셨습니다. 그리고 생명이 위험함에도 불구하고(6), 그의 병든 손을 고쳐주셨습니다.

2. 열 두 사도를 세우신 예수님 (7-19)

무리들은 예수님께서 하신 큰 일을 들었습니다(8). 예수님이 목숨을 버리고 양들을 구원하시는 참 목자이신 것을 알았습니다. 유대와 예루살렘뿐만 아니라 외국에서도 몰려들었습니다. 이들은 목자를 갈구하는 그 시대의 물결이었습니다. 예수님은 이들을 보시고 산에 올라가 자기의 원하는 사람 열 둘을 세우셨습니다. 예수님은 이들을 자기와 함께 있게 하고 사도로 양성하여 말씀의 종이요 능력 있는 목자들이 되게 하고자 하셨습니다. 예수님은 이들을 그 시대와 오는 시대의 영적인 지도자로 양성하고자 하셨습니다. 예수님은 힘든 시대에서 소수의 사도 양성에 힘쓰셨습니다.

기도 주님! 힘든 시대에서 저를 부르신 주님의 뜻을 깨우쳐 주셔서 감사합니다. 제가 부족하지만 사도로 성장하겠습니다.

한마디 "사도양성"

Note

1 예수께서 다시 회당에 들어가시니 한쪽 손 마른 사람이 거기 있는지라.
2 사람들이 예수를 고발하려 하여 안식일에 그 사람을 고치시는가 주시하고 있거늘
3 예수께서 손 마른 사람에게 이르시되 "한 가운데에 일어서라." 하시고
4 그들에게 이르시되 "안식일에 선을 행하는 것과 악을 행하는 것, 생명을 구하는 것과 죽이는 것, 어느 것이 옳으냐?" 하시니 그들이 잠잠하거늘
5 그들의 마음이 완악함을 탄식하사 노하심으로 그들을 둘러 보시고 그 사람에게 이르시되 "네 손을 내밀라." 하시니 내밀매 그 손이 회복되었더라.
6 바리새인들이 나가서 곧 헤롯당과 함께 어떻게 하여 예수를 죽일까 의논하니라.
7 예수께서 제자들과 함께 바다로 물러가시니 갈릴리에서 큰 무리가 따르며
8 유대와 예루살렘과 이두매와 요단 강 건너편과 또 두로와 시돈 근처에서 많은 무리가 그가 하신 큰 일을 듣고 나아오는지라.
9 예수께서 무리가 에워싸 미는 것을 피하기 위하여 작은 배를 대기하도록 제자들에게 명하셨으니
10 이는 많은 사람을 고치셨으므로 병으로 고생하는 자들이 예수를 만지고자 하여 몰려왔음이더라.
11 더러운 귀신들도 어느 때든지 예수를 보면 그 앞에 엎드려 부르짖어 이르되 "당신은 하나님의 아들이니이다." 하니
12 예수께서 자기를 나타내지 말라고 많이 경고하시니라.
13 또 산에 오르사 자기가 원하는 자들을 부르시니 나아온지라.
14 이에 열둘을 세우셨으니 이는 자기와 함께 있게 하시고 또 보내사 전도도 하며
15 귀신을 내쫓는 권능도 가지게 하려 하심이러라.
16 이 열둘을 세우셨으니 시몬에게는 베드로란 이름을 더하셨고
17 또 세베대의 아들 야고보와 야고보의 형제 요한이니 이 둘에게는 보아너게 곧 우레의 아들이란 이름을 더하셨으며
18 또 안드레와 빌립과 바돌로매와 마태와 도마와 알패오의 아들 야고보와 및 다대오와 가나나인 시몬이며
19 또 가룟 유다니 이는 예수를 판 자더라.

76 누가 우리를 위하여 갈꼬

이사야 6:1-13

요절 "내가 누구를 보내며 누가 우리를 위하여 갈꼬 하시니
그 때에 내가 이르되 내가 여기 있나이다 나를 보내소서."(8)

1. 보좌에 앉으신 하나님 (1-4)

이사야가 성전에 들어간 것은 웃시야 왕이 죽던 해였습니다(1). 웃시야 왕이 죽자 그동안 묻혀 있던 문제들이 모두 드러났습니다. 관리들은 부패했고, 그들과 한통속이 된 부자들은 더욱 부자가 되었지만(1:22; 5:8), 힘없는 고아나 과부들은 불이익을 당했습니다(1:23). 그런가하면 종교지도자들은 위선적이었고(1:11-15), 지성인들은 아침부터 밤까지 독주에 취해 지냈습니다(5:11,12). 뿐만 아니라 밖으로는 앗수르, 바벨론 등의 신흥국가들의 세력이 커지면서 국제정세도 불안했습니다. 이사야는 죄악 된 자들에 대해서 분노했고, 그의 백성들에 대해서 염려했고, 조국의 어두움에 두려워하고 절망했습니다(5:30).

그러나 그가 성전에 들어갔을 때 그는 거기서 높이 들린 보좌에 앉으신 하나님을 보았습니다. 하나님이 온 세상을 다스리시는 것을 보았고, 온 땅에 그의 영광이 충만한 것을 보았습니다.

2. 누가 우리를 위하여 갈꼬 (5-13)

이사야는 성전에서 또 하나님의 음성을 들었습니다. 하나님은 그 어두운 시대에서 회개와 심판의 메시지를 전하고 하나님 역사의 그루터기요 남은 자들을 보존하시기 위해 세상에 나갈 그의 종을 찾으십니다. "내가 누구를 보내며 누가 우리를 위하여 갈꼬?" 하시면서 안타깝게 찾으십니다.

기도 주님! 이 시간 당신의 종을 찾으시는 안타까운 음성을 듣습니다.
제가 죄인이오나 저를 사하시고 저를 보내소서.

한마디 "내가 여기 있나이다."

Note

1 웃시야 왕이 죽던 해에 내가 본즉 주께서 높이 들린 보좌에 앉으셨는데 그의 옷자락은 성전에
가득하였고
2 스랍들이 모시고 섰는데 각기 여섯 날개가 있어 그 둘로는 자기의 얼굴을 가리었고 그 둘로는 자기의
발을 가리었고 그 둘로는 날며
3 서로 불러 이르되 "거룩하다, 거룩하다, 거룩하다, 만군의 여호와여. 그의 영광이 온 땅에
충만하도다." 하더라.
4 이같이 화답하는 자의 소리로 말미암아 문지방의 터가 요동하며 성전에 연기가 충만한지라.
5 그 때에 내가 말하되 "화로다, 나여 망하게 되었도다. 나는 입술이 부정한 사람이요. 나는 입술이
부정한 백성 중에 거주하면서 만군의 여호와이신 왕을 뵈었음이로다." 하였더라
6 그 때에 그 스랍 중의 하나가 부젓가락으로 제단에서 집은 바 핀 숯을 손에 가지고 내게로 날아와서
7 그것을 내 입술에 대며 이르되 "보라, 이것이 네 입에 닿았으니 네 악이 제하여졌고 네 죄가
사하여졌느니라." 하더라.
8 내가 또 주의 목소리를 들으니 주께서 이르시되 "내가 누구를 보내며 누가 우리를 위하여 갈꼬?"
하시니 그 때에 내가 이르되 "내가 여기 있나이다. 나를 보내소서." 하였더니
9 여호와께서 이르시되 "가서 이 백성에게 이르기를 너희가 듣기는 들어도 깨닫지 못할 것이요 보기는
보아도 알지 못하리라 하여
10 이 백성의 마음을 둔하게 하며 그들의 귀가 막히고 그들의 눈이 감기게 하라. 염려하건대 그들이
눈으로 보고 귀로 듣고 마음으로 깨닫고 다시 돌아와 고침을 받을까 하노라." 하시기로
11 내가 이르되 "주여, 어느 때까지니이까?" 하였더니 주께서 대답하시되 "성읍들은 황폐하여
주민이 없으며 가옥들에는 사람이 없고 이 토지는 황폐하게 되며
12 여호와께서 사람들을 멀리 옮기셔서 이 땅 가운데에 황폐한 곳이 많을 때까지니라.
13 그 중에 십분의 일이 아직 남아 있을지라도 이것도 황폐하게 될 것이나 밤나무와 상수리나무가
베임을 당하여도 그 그루터기는 남아 있는 것 같이 거룩한 씨가 이 땅의 그루터기니라 하시더라."

제 77 일 – 제 82 일

신자의 사명

77 내 양을 먹이라

요한복음 21 : 15-17

요절 "이르되 주님 모든 것을 아시오매 내가 주님을 사랑하는 줄을 주님께서 아시나이다. 예수께서 이르시되 내 양을 먹이라."(17)

예수님께서 십자가에 못 박혀 돌아가시자 베드로는 다시 옛 생활로 돌아와 버렸습니다. 부활하신 예수님은 이런 베드로를 찾아오셔서 "네가 이 사람들보다 나를 사랑하느냐?"고 물으셨습니다. 세 번이나 물으셨습니다. 베드로는 예수님을 사랑했지만 동시에 자신과 자신의 꿈을 사랑했습니다. 그래서 그는 예수님을 따르는 데 실패하고 옛 생활로 돌아와 버렸습니다. 예수님은 우리에게 절대적인 사랑을 요구하십니다. 그리고 예수님을 절대적으로 사랑할 때라야 진정 예수님을 따를 수 있습니다.

예수님의 질문에 베드로는 실패를 딛고 다시 예수님을 사랑하노라 고백했습니다. 이에 예수님은 그에게 "내 양을 먹이라, 내 양을 치라."고 말씀하십니다. 세상의 어떤 사람도 예수님의 보실 때에는 다 그의 어린 양들입니다. 예수님은 그들을 구원하시기 위해 십자가에 돌아가사 그의 귀한 목숨을 버리셨습니다. 예수님은 그 귀한 양들을 이제 베드로에게 맡기십니다. 예수님을 사랑하는 사람들만이 예수님의 양들을 사랑하며 구원할 수 있습니다.

이는 또 베드로에게 사명을 주시는 말씀입니다. 베드로가 이를 감당하려면 수고와 아픔과 손해를 각오해야 합니다. 그러나 사명이 없고 인생의 목적과 방향이 없어 방황하던 그에게 이는 축복의 말씀입니다.

기도 주님께서는 저를 위해 십자가에 목숨을 버리셨습니다. 제가 주님을 사랑합니다. 부탁하신 대로 주님의 양들을 치겠습니다.

한마디 "내 양을 치라."

Note

15 그들이 조반 먹은 후에 예수께서 시몬 베드로에게 이르시되 "요한의 아들 시몬아,
네가 이 사람들보다 나를 더 사랑하느냐?" 하시니 이르되 "주님, 그러하나이다. 내가 주님을 사랑하는
줄 주님께서 아시나이다." 이르시되 "내 어린 양을 먹이라." 하시고
16 또 두 번째 이르시되 "요한의 아들 시몬아, 네가 나를 사랑하느냐?" 하시니 이르되 "주님,
그러하나이다. 내가 주님을 사랑하는 줄 주님께서 아시나이다." 이르시되 "내 양을 치라." 하시고
17 세 번째 이르시되 "요한의 아들 시몬아, 네가 나를 사랑하느냐?" 하시니 주께서 세 번째 네가 나를
사랑하느냐 하시므로 베드로가 근심하여 이르되 "주님, 모든 것을 아시오매 내가 주님을 사랑하는
줄을 주님께서 아시나이다." 예수께서 이르시되 "내 양을 먹이라."

78 땅 끝까지

사도행전 1:1-11

요절 "오직 성령이 너희에게 임하시면 너희가 권능을 받고 …
땅 끝까지 이르러 내 증인이 되리라 하시니라."(8)

십자가에 돌아가신 예수님은 사흘만에 다시 살아나셨습니다. 그리고 승천하시기 전 40일 동안 세상에 계셨습니다. 그 귀중한 40일 동안 예수님은 제자들에게 가장 중요한 것을 가르치셨습니다.

첫째, 예수님의 부활을 증거하셨습니다. 예수님은 제자들로 하여금 부활을 믿게 하시기 위해 많은 증거를 보이셨습니다(요한 20:20-29; 누가 24:25-27, 42-47). 예수님의 부활은 예수님이 그리스도시요 우리의 구원이 확실하다는 증거입니다.

둘째, 땅 끝까지 이르러 그의 증인이 되라 명하셨습니다. 이 명령을 하시기 전에 예수님은 먼저 예루살렘을 떠나지 말라고 말씀하셨습니다. 예루살렘은 제자들에게 좌절과 공포의 도시였습니다. 그러나 성경에는 이곳에서부터 구원의 역사가 시작될 것이라 예언된 도시입니다(이사야 2:3; 누가 24:47,48). 예수님은 여기서 시작하여 땅 끝까지 이르러 예수님의 증인이 되라고 명령하십니다.

예수님의 증인이 되라는 것은 예수님의 부활의 증인이 되라는 뜻이요, 부활하신 예수님이 우리의 그리스도요, 그를 믿음으로써 구원 얻는다는 복음을 전하라는 뜻입니다. 또 '땅 끝까지'란 지리적인 의미라기보다는 '세상에 있는 모든 사람들에게'라는 뜻입니다. 예수님은 제자들을 증인으로 삼아 세상의 모든 사람들을 구원하고자 하십니다. 이 명령은 예수님의 마지막 명령이요, 모든 신자들의 사명입니다.

기도 주님! 온 세상 사람들을 다 구원하시려는 주님의 뜻을 영접합니다.
제가 저를 구원하신 예수님의 증인이 되겠습니다.

한마디 "내 증인이 되라."

Note

1 데오빌로여, 내가 먼저 쓴 글에는 무릇 예수께서 행하시며 가르치시기를 시작하심부터
2 그가 택하신 사도들에게 성령으로 명하시고 승천하신 날까지의 일을 기록하였노라
3 그가 고난 받으신 후에 또한 그들에게 확실한 많은 증거로 친히 살아 계심을 나타내사 사십 일 동안
그들에게 보이시며 하나님 나라의 일을 말씀하시니라.
4 사도와 함께 모이사 그들에게 분부하여 이르시되 "예루살렘을 떠나지 말고 내게서 들은 바
아버지께서 약속하신 것을 기다리라.
5 요한은 물로 세례를 베풀었으나 너희는 몇 날이 못되어 성령으로 세례를 받으리라 하셨느니라."
6 그들이 모였을 때에 예수께 여쭈어 이르되 "주께서 이스라엘 나라를 회복하심이 이 때니이까?" 하니
7 이르시되 "때와 시기는 아버지께서 자기의 권한에 두셨으니 너희가 알 바 아니요,
8 오직 성령이 너희에게 임하시면 너희가 권능을 받고 예루살렘과 온 유대와 사마리아와 땅 끝까지
이르러 내 증인이 되리라." 하시니라.
9 이 말씀을 마치시고 그들이 보는데 올려져 가시니 구름이 그를 가리어 보이지 않게 하더라.
10 올라가실 때에 제자들이 자세히 하늘을 쳐다보고 있는데 흰 옷 입은 두 사람이 그들 곁에 서서
11 이르되 "갈릴리 사람들아, 어찌하여 서서 하늘을 쳐다보느냐? 너희 가운데서 하늘로 올려지신
이 예수는 하늘로 가심을 본 그대로 오시리라." 하였느니라.

79 일어나 잡아 먹어라

사도행전 10:1-16

요절 "또 소리가 있으되 베드로야, 일어나 잡아 먹어라 하거늘…"(13)

고넬료는 로마 군대의 백인 대장이었습니다. 그러나 그는 당시 강포한 군인들과는 달리 온 가족과 함께 하나님을 경외하며 항상 기도했고, 또 식민지 백성들을 많이 구제했습니다. 그러나 그는 복음을 알지 못했기 때문에 그의 마음에는 생명이 없었습니다(11:18). 구제에 힘을 쓰고, 기도를 많이 하고, 또 사람들이 그를 칭송을 해도, 그의 마음은 채워지지 않았고, 하나님을 경외할수록 그의 영혼은 두렵기만 했습니다. 이러한 그를 하나님은 외면하지 않으셨습니다. 그의 기도 중에 하나님은 사자를 보내셔서 베드로를 청하도록 명하셨습니다.

한편 전형적인 유대인이었던 베드로도 그 시간에 기도를 하고 있었는데 환상 중에 하늘에서 커다란 보자기가 내려오는 것이 보였습니다. 그 속에는 율법적으로 속되고 깨끗하지 않은 짐승들이 담겨 있었고 "베드로야, 일어나 잡아 먹어라."는 소리가 들려왔습니다. 유대인의 율법 가운데서 자라온 베드로에게 있어서 그것은 순종하기 힘든 말씀이었습니다(14). 그러나 하나님은 다시 한 번 말씀하십니다. "하나님께서 깨끗하게 하신 것을 네가 속되다 하지 말라."

하나님께서는 세계 만민을 구속하기 위해, 먼저 베드로가 율법과 좁은 마음을 버리고 누구든지 받아들일 수 있는 주님의 마음을 품도록 도우십니다. 세계 선교는 한 사람의 마음에서 시작됩니다.

기도 주님! 베드로같이 편협한 저를 도우사 세계 만민 구속역사에 쓰임받을 수 있는 넓은 마음을 갖도록 도와주십시오.

한마디 "일어나 잡아 먹어라."

Note

1 가이사랴에 고넬료라 하는 사람이 있으니 이달리야 부대라 하는 군대의 백부장이라.
2 그가 경건하여 온 집안과 더불어 하나님을 경외하며 백성을 많이 구제하고 하나님께 항상 기도하더니
3 하루는 제 구 시쯤 되어 환상 중에 밝히 보매 하나님의 사자가 들어와 이르되 "고넬료야." 하니
4 고넬료가 주목하여 보고 두려워 이르되 "주여, 무슨 일이니이까?" 천사가 이르되 "네 기도와 구제가 하나님 앞에 상달되어 기억하신 바가 되었으니
5 네가 지금 사람들을 욥바에 보내어 베드로라 하는 시몬을 청하라.
6 그는 무두장이 시몬의 집에 유숙하니 그 집은 해변에 있다." 하더라.
7 마침 말하던 천사가 떠나매 고넬료가 집안 하인 둘과 부하 가운데 경건한 사람 하나를 불러
8 이 일을 다 이르고 욥바로 보내니라.
9 이튿날 그들이 길을 가다가 그 성에 가까이 갔을 그 때에 베드로가 기도하려고 지붕에 올라가니 그 시각은 제 육 시더라.
10 그가 시장하여 먹고자 하매 사람들이 준비할 때에 황홀한 중에
11 하늘이 열리며 한 그릇이 내려오는 것을 보니 큰 보자기 같고 네 귀를 매어 땅에 드리웠더라.
12 그 안에는 땅에 있는 각종 네 발 가진 짐승과 기는 것과 공중에 나는 것들이 있더라.
13 또 소리가 있으되 "베드로야, 일어나 잡아 먹어라." 하거늘
14 베드로가 이르되 "주여, 그럴 수 없나이다. 속되고 깨끗하지 아니한 것을 내가 결코 먹지 아니하였나이다." 한대
15 또 두 번째 소리가 있으되 "하나님께서 깨끗하게 하신 것을 네가 속되다 하지 말라." 하더라
16 이런 일이 세 번 있은 후 그 그릇이 곧 하늘로 올려져 가니라.

80

종말의 날을 위해 해야 할 일

마가복음 13:1–13

요절 "또 복음이 먼저 만국에 전파되어야 할 것이니라."(10)

제자들은 아름답고 웅장한 성전 건물을 보고 감탄했습니다. 그러나 예수님은 그 성전이 무너뜨려지리라고 말씀하십니다(1,2). 예수님은 지상 낙원이나 유토피아를 말씀하시지 않습니다. 예수님은 세상의 멸망을 말씀하십니다. 세상에는 반드시 말세가 있고, 역사에는 반드시 종말이 옵니다.

말세에는 거짓 그리스도들이 나타나 사람들을 미혹합니다. 그들은 세상의 종말을 말하긴 하지만 동시에 지상 낙원을 말합니다. 그들은 사람의 죄악을 말하지만 동시에 사람이 하나님과 같이 될 수 있다고 말합니다. 그리고 자신이 그리스도라고 주장하며 자기에게 와야 구원을 얻을 수 있다며 미혹합니다. 그들의 말이 듣기 좋다고 그들에게 미혹되어서는 안 됩니다.

말세가 가까워오면 난리와 전쟁과 지진과 기근과 같은 재난과 재앙들이 일어납니다(6–8). 또 하나님을 미워하는 자들이 더욱 많아져서 신자들은 온갖 박해를 받습니다(9–13). 인류의 역사와 함께 이런 일들은 항상 있어왔지만 이런 일들이 빈번하게 그리고 전에 없이 크게 일어난다면 종말의 징조로 생각해야 합니다.

세상에 말세가 있고 역사에 종말이 있다면 우리가 무엇을 해야 합니까? 예수님은 말씀하십니다. "또 복음이 먼저 만국에 전파되어야 할 것이니라."(10) 역사의 주관자는 하나님이십니다. 하나님은 말세가 오기 전에 세계 만국에 복음을 전파하여 온 인류를 구원하고자 하십니다.

기도 주님! 제가 세상에 종말이 올 것을 영접합니다. 제가 세상일에 얽매이지 않고 복음전파에 힘쓸 수 있도록 도와주십시오.

한마디 "복음이 먼저 만국에"

Note

1 예수께서 성전에서 나가실 때에 제자 중 하나가 이르되 "선생님이여, 보소서. 이 돌들이 어떠하며 이 건물들이 어떠하니이까?"
2 예수께서 이르시되 "네가 이 큰 건물들을 보느냐? 돌 하나도 돌 위에 남지 않고 다 무너뜨려지리라." 하시니라.
3 예수께서 감람 산에서 성전을 마주 대하여 앉으셨을 때에 베드로와 야고보와 요한과 안드레가 조용히 묻되
4 "우리에게 이르소서. 어느 때에 이런 일이 있겠사오며 이 모든 일이 이루어지려 할 때에 무슨 징조가 있사오리이까?"
5 예수께서 이르시되 "너희가 사람의 미혹을 받지 않도록 주의하라."
6 많은 사람이 내 이름으로 와서 이르되 "내가 그라." 하여 많은 사람을 미혹하리라.
7 난리와 난리의 소문을 들을 때에 두려워하지 말라. 이런 일이 있어야 하되 아직 끝은 아니니라.
8 민족이 민족을, 나라가 나라를 대적하여 일어나겠고 곳곳에 지진이 있으며 기근이 있으리니 이는 재난의 시작이니라.
9 너희는 스스로 조심하라. 사람들이 너희를 공회에 넘겨 주겠고 너희를 회당에서 매질하겠으며 나로 말미암아 너희가 권력자들과 임금들 앞에 서리니 이는 그들에게 증거가 되려 함이라.
10 또 복음이 먼저 만국에 전파되어야 할 것이니라.
11 사람들이 너희를 끌어다가 넘겨 줄 때에 무슨 말을 할까 미리 염려하지 말고 무엇이든지 그 때에 너희에게 주시는 그 말을 하라. 말하는 이는 너희가 아니요, 성령이시니라.
12 형제가 형제를, 아버지가 자식을 죽는 데에 내주며 자식들이 부모를 대적하여 죽게 하리라.
13 또 너희가 내 이름으로 말미암아 모든 사람에게 미움을 받을 것이나 끝까지 견디는 자는 구원을 받으리라.

81 예수님의 재림

마가복음 13:14-27

요절 "그 때에 인자가 구름을 타고 큰 권능과 영광으로 오는 것을 사람들이 보리라."(26)

죄악된 세상에서는 멸망의 가증한 것이 서지 못할 곳에 섭니다(14). 예를 들어서 AD 70년 로마의 티투스 장군은 예루살렘을 침공하여 성전에 돼지머리를 둠으로써 하나님을 모독했습니다. 신은 죽었다거나 신을 죽여야 한다고 주장하는 자들도 있었습니다. 그리고 근래에 와서는 여러 모양의 상대주의 철학들이 일어나서 하나님을 모독하고 멸망의 가증한 것들을 하나님 자리에 둡니다. 창조의 질서가 파괴되고 가치관이 전도됩니다. 거짓 그리스도들은 더욱 기승을 부리며 신자들을 미혹합니다.

하나님은 이런 세상을 그대로 두지 않으십니다. 심판하십니다. 그 날은 전무후무한 대환난의 날이 될 것입니다(19). 그리고 환난 후에는 해가 어두워지고 별들이 빛을 잃고, 우주의 모든 운동 법칙들조차 멈추고 세상에 종말이 옵니다.

그런데 바로 그때 예수님이 다시 오십니다. 구름을 타고 큰 권능과 영광으로 오십니다(26). 그리고 천사들을 보내어 땅 끝으로부터 하늘 끝까지 택하신 자들을 사방에서 모으십니다. 예수님 재림의 그 날은 믿지 않는 자들에게는 심판의 날이요, 택하심을 받은 신자들에게는 구원이 완성되는 소망의 날입니다.

신자들은 그 날까지 깨어 있어야 합니다. 믿음을 지키기 위해서 깨어 있어야 할 뿐 아니라 신자들에게 주어진 사명을 감당하기 위해서 깨어 있어야 합니다(34). 신자들에게 주어진 사명은 구원의 복음을 전하는 일입니다.

기도 주님! 제가 주님께서 다시 오실 날을 기다립니다.
그 날까지 깨어있게 하시며, 힘을 다해 복음을 전하도록 도와주십시오.

한마디 "깨어 있으라."

Note

14 멸망의 가증한 것이 서지 못할 곳에 선 것을 보거든 (읽는 자는 깨달을진저) 그 때에 유대에 있는
자들은 산으로 도망할지어다.
15 지붕 위에 있는 자는 내려가지도 말고 집에 있는 무엇을 가지러 들어가지도 말며
16 밭에 있는 자는 겉옷을 가지러 뒤로 돌이키지 말지어다.
17 그 날에는 아이 밴 자들과 젖먹이는 자들에게 화가 있으리로다.
18 이 일이 겨울에 일어나지 않도록 기도하라.
19 이는 그 날들이 환난의 날이 되겠음이라. 하나님께서 창조하신 시초부터 지금까지 이런 환난이
없었고 후에도 없으리라.
20 만일 주께서 그 날들을 감하지 아니하셨더라면 모든 육체가 구원을 얻지 못할 것이거늘 자기가
택하신 자들을 위하여 그 날들을 감하셨느니라.
21 그 때에 어떤 사람이 너희에게 말하되 "보라, 그리스도가 여기 있다. 보라, 저기 있다." 하여도 믿지 말라.
22 거짓 그리스도들과 거짓 선지자들이 일어나서 이적과 기사를 행하여 할 수만 있으면 택하신 자들을
미혹하려 하리라.
23 너희는 삼가라. 내가 모든 일을 너희에게 미리 말하였노라.
24 그 때에 그 환난 후 해가 어두워지며 달이 빛을 내지 아니하며
25 별들이 하늘에서 떨어지며 하늘에 있는 권능들이 흔들리리라.
26 그 때에 인자가 구름을 타고 큰 권능과 영광으로 오는 것을 사람들이 보리라.
27 또 그 때에 그가 천사들을 보내어 자기가 택하신 자들을 땅 끝으로부터 하늘 끝까지 사방에서 모으리라.

82 왕 같은 제사장

베드로전서 2:4-10

요절 "너희는 택하신 족속이요, 왕 같은 제사장들이요…"(9)

초대 교회 당시 신자들은 가치관이 다르고 생활방식이 다른 세상에 살면서 사람들에게 버린 바 되었고 그들에게 쫓겨 여기저기 흩어져 살면서 나그네가 되어야 했습니다. 그러나 사도 베드로는 신자의 신분이 어떠한가를 깨우쳐 줌으로써 그들을 격려합니다.

첫째, 보배로운 산 돌(4-8): 베드로는 보배로운 산 돌이신 예수님에게 나오라고 말합니다. 예수님은 사람들에게 버린 바 되었으나 하나님께는 택하심을 입으셨습니다. 건축자들은 버렸으나 하나님은 그를 모퉁이의 머릿돌로 삼아 하나님 구속 역사에 요긴하게 쓰셨습니다. 우리가 이 예수님께로 나아갈 때 우리는 그를 모퉁이 돌이요 머릿돌로 한 신령한 집, 즉 하나님의 구속 역사라는 집이 지어집니다. 세상 사람들이 우리를 알지 못해도 하나님은 우리를 요긴한 존재로 쓰십니다.

둘째, 왕 같은 제사장(9,10): 신자는 또 하나님이 택하신 족속이요, 왕 같은 제사장들입니다. 제사장은 백성들의 영혼을 위해 하나님께 기도하고, 그들에게 하나님의 말씀을 가르치며, 그들을 하나님께로 인도하는 직분을 맡은 사람입니다. 하나님은 제사장을 통해서만 그의 구원을 베푸십니다.

특히 '왕 같은 제사장'이라고 한 것은 제사장은 왕과 같이 높고 고귀한 품격을 가졌다는 뜻입니다. 세상에 많은 직분이 있지만 신자들처럼 귀한 직분과 높은 품격을 가진 사람들이 없습니다. 이 품격을 지키는 것이 신자의 사명입니다.

기도 주님! 세상 사람들이 모를지라도 제가 제 직분을 귀하게 여겨 그에 합당한 품격을 지키고 충성을 다 하겠습니다.

한마디 "신자의 고귀한 직분"

Note

4 사람에게는 버린 바가 되었으나 하나님께는 택하심을 입은 보배로운 산 돌이신 예수께 나아가
5 너희도 산 돌 같이 신령한 집으로 세워지고 예수 그리스도로 말미암아 하나님이 기쁘게 받으실
신령한 제사를 드릴 거룩한 제사장이 될지니라.
6 성경에 기록되었으되 "보라, 내가 택한 보배로운 모퉁잇돌을 시온에 두노니 그를 믿는 자는
부끄러움을 당하지 아니하리라." 하였으니
7 그러므로 믿는 너희에게는 보배이나 믿지 아니하는 자에게는 "건축자들이 버린 그 돌이 모퉁이의
머릿돌이 되고
8 또한 부딪치는 돌과 걸려 넘어지게 하는 바위가 되었다." 하였느니라. 그들이 말씀을 순종하지
아니하므로 넘어지나니 이는 그들을 이렇게 정하신 것이라.
9 그러나 너희는 택하신 족속이요, 왕 같은 제사장들이요, 거룩한 나라요, 그의 소유가 된 백성이니
이는 너희를 어두운 데서 불러 내어 그의 기이한 빛에 들어가게 하신 이의 아름다운 덕을 선포하게 하
려 하심이라.
10 너희가 전에는 백성이 아니더니 이제는 하나님의 백성이요, 전에는 긍휼을 얻지 못하였더니
이제는 긍휼을 얻은 자니라.

제 83 일 – 제 89 일

믿음의 역사

83 믿음이란 무엇인가

히브리서 11:1-6

요절 "믿음이 없이는 하나님을 기쁘시게 하지 못하나니…"(6)

신자는 믿음으로 구원을 얻었습니다. 그리고 신자가 사는 목적도 믿음이요, 신자가 사는 방법도 믿음입니다. 그러면 믿음이란 무엇입니까? 저자는 말합니다. "믿음은 바라는 것들의 실상이요, 보이지 않는 것들의 증거니…"(1) 믿음의 대상은 보이는 것들에 대한 것이 아니라 보이지 않는 것들에 대한 것이요, 현재 이루어진 것들에 대한 것이 아니라 바라는 것들에 대한 것입니다.

하나님께서 말씀으로 모든 세계를 지으실 때 우리는 그것을 눈으로 보지 못했습니다. 그러나 우리는 믿음으로 그것이 사실이라는 것을 압니다. 신자들은 하나님이 눈에 보이지 않지만 반드시 계시다는 것을 믿습니다. 그래서 그 하나님을 기쁘시게 하기 위해 살고, 그 하나님이 상 주시는 분이라는 것을 믿습니다. 믿는 사람들은 보이는 사람이나 만질 수 있는 물질을 위해 살지 않고 보이지 않는 하나님을 기쁘시기 하기 위해 사는 사람들입니다.

하나님께서 가인의 제사를 받지 않고 아벨의 제사만을 받으신 것은 가인이 하나님이 보이지 않는다고 해서 형식적으로 제사를 드린 반면, 아벨은 하나님이 눈에 보이지 않지만 마음을 다해 제사를 드렸기 때문입니다(4).

에녹이 죽음을 보지 않고 하늘 나라로 옮겨진 축복을 받은 것도 그 시대 사람들의 눈치를 보며 그들을 따라 살지 않고 눈에 보이지 않는 하나님을 기쁘시게 하는 삶을 살았기 때문입니다(5).

기도 주님! 제 믿음이 아직도 천박합니다. 제가 보이지 않는 하나님을 믿으며, 하나님을 기쁘시게 하는 삶을 살게 해 주십시오.

한마디 "믿음은 보이지 않는 것들의 증거"

Note

1 믿음은 바라는 것들의 실상이요 보이지 않는 것들의 증거니
2 선진들이 이로써 증거를 얻었느니라.
3 믿음으로 모든 세계가 하나님의 말씀으로 지어진 줄을 우리가 아나니 보이는 것은 나타난 것으로 말미암아 된 것이 아니니라.
4 믿음으로 아벨은 가인보다 더 나은 제사를 하나님께 드림으로 의로운 자라 하시는 증거를 얻었으니 하나님이 그 예물에 대하여 증언하심이라 그가 죽었으나 그 믿음으로써 지금도 말하느니라.
5 믿음으로 에녹은 죽음을 보지 않고 옮겨졌으니 하나님이 그를 옮기심으로 다시 보이지 아니하였느니라. 그는 옮겨지기 전에 하나님을 기쁘시게 하는 자라 하는 증거를 받았느니라.
6 믿음이 없이는 하나님을 기쁘시게 하지 못하나니 하나님께 나아가는 자는 반드시 그가 계신 것과 또한 그가 자기를 찾는 자들에게 상 주시는 이심을 믿어야 할지니라.

84 가만히 서서 하나님의 구원을 보라

출애굽기 14:1-14

요절

"너희는 두려워하지 말고 가만히 서서 여호와께서 오늘 너희를 위하여 행하시는 구원을 보라."(13a)

이스라엘 백성들이 애굽에서 나온 지 얼마 후 그들은 큰 곤경에 처하게 되었습니다. 뒤에서는 애굽 왕의 전차 부대가 맹렬한 기세로 쫓아오고 있었고, 앞에는 넘실거리는 홍해가 가로 막고 있었습니다. 그야말로 진퇴양난이었습니다. 이스라엘 백성들은 두려움에 꽉 차서 하나님과 모세를 원망했습니다. "애굽에는 묻을 데가 없어서 여기까지 와서 죽게 하느냐? 여기서 죽는 것보다는 노예생활을 하더라도 애굽에 항복하는 것이 낫지 않겠는가?"(11,12)

그런데 모세라고 해서 이들과 다른 상황에 있는 것은 아니었습니다. 그들과 똑같이 죽을 수밖에 없는 곤경에 처해 있었습니다. 그러나 모세는 백성들을 향해 외쳤습니다. "너희는 두려워하지 말고 가만히 서서 여호와께서 오늘 너희를 위하여 행하시는 구원을 보라."(13)

이스라엘 백성들은 부딪힌 상황이나 현실적인 어려움만을 보았기 때문에 두려움에 빠지고 말이 많아질 수밖에 없었습니다. 그러나 모세는 똑같은 상황에서도 구원의 하나님을 바라보았습니다. 구원의 하나님께서 그들을 사랑하시는 것을 믿었고, 구원의 하나님께서 그들의 적들과 싸우실 것을 믿었습니다. 그러므로 진퇴양난의 곤경에서도 담대할 수 있었고, 두려움에 빠져 정신이 나간 백성들을 이끌 수 있었습니다. 하나님을 믿는 사람은 어떤 곤경에서도 흔들리지 않고 태산처럼 가만히 서 있을 수 있습니다.

기도

주님! 조금만 어려워도 두려워하고 원망하던 죄를 용서해 주십시오. 가만히 서서 주님을 바라는 믿음을 주십시오.

한마디

"가만히 서서"

Note

1 여호와께서 모세에게 말씀하여 이르시되
2 "이스라엘 자손에게 명령하여 돌이켜 바다와 믹돌 사이의 비하히롯 앞 곧 바알스본 맞은편 바닷가에
장막을 치게 하라.
3 바로가 이스라엘 자손에 대하여 말하기를 그들이 그 땅에서 멀리 떠나 광야에 갇힌 바 되었다 하리라.
4 내가 바로의 마음을 완악하게 한즉 바로가 그들의 뒤를 따르리니 내가 그와 그의 온 군대로 말미암아
영광을 얻어 애굽 사람들이 나를 여호와인 줄 알게 하리라." 하시매 무리가 그대로 행하니라.
5 그 백성이 도망한 사실이 애굽 왕에게 알려지매 바로와 그의 신하들이 그 백성에 대하여 마음이
변하여 이르되 "우리가 어찌 이같이 하여 이스라엘을 우리를 섬김에서 놓아 보내었는가?" 하고
6 바로가 곧 그의 병거를 갖추고 그의 백성을 데리고 갈새
7 선발된 병거 육백 대와 애굽의 모든 병거를 동원하니 지휘관들이 다 거느렸더라.
8 여호와께서 애굽 왕 바로의 마음을 완악하게 하셨으므로 그가 이스라엘 자손의 뒤를 따르니
이스라엘 자손이 담대히 나갔음이라.
9 애굽 사람들과 바로의 말들, 병거들과 그 마병과 그 군대가 그들의 뒤를 따라 바알스본 맞은편
비하히롯 곁 해변 그들이 장막 친 데에 미치니라.
10 바로가 가까이 올 때에 이스라엘 자손이 눈을 들어 본즉 애굽 사람들이 자기들 뒤에 이른지라.
이스라엘 자손이 심히 두려워하여 여호와께 부르짖고
11 그들이 또 모세에게 이르되 "애굽에 매장지가 없어서 당신이 우리를 이끌어 내어 이 광야에서
죽게 하느냐? 어찌하여 당신이 우리를 애굽에서 이끌어 내어 우리에게 이같이 하느냐?
12 우리가 애굽에서 당신에게 이른 말이 이것이 아니냐? 이르기를 '우리를 내버려 두라. 우리가 애굽
사람을 섬길 것이라.' 하지 아니하더냐? 애굽 사람을 섬기는 것이 광야에서 죽는 것보다 낫겠노라."
13 모세가 백성에게 이르되 "너희는 두려워하지 말고 가만히 서서 여호와께서 오늘 너희를 위하여
행하시는 구원을 보라. 너희가 오늘 본 애굽 사람을 영원히 다시 보지 아니하리라.
14 여호와께서 너희를 위하여 싸우시리니 너희는 가만히 있을지니라."

85 홍해를 가르신 하나님

출애굽기 14:15-31

요절 "지팡이를 들고 손을 바다 위로 내밀어 그것이 갈라지게 하라. 이스라엘 자손이 바다 가운데서 마른 땅으로 행하리라."(16)

뒤에는 애굽 전차부대의 추격, 앞에는 시퍼런 홍해 바다, 이 진퇴양난의 곤경에서 모세는 하나님께 부르짖어 기도했습니다. 이때 하나님께서 모세에게 말씀하셨습니다. "너는 어찌하여 내게 부르짖느냐? 이스라엘 자손에게 명령하여 앞으로 나아가게 하고 지팡이를 들고 손을 바다 위로 내밀어 그것이 갈라지게 하라. 이스라엘 자손이 바다 가운데서 마른 땅으로 행하리라."(15,16)

이 말씀과 동시에 그들을 인도하던 하나님의 사자와 구름 기둥이 그들 뒤로 이동했으므로 애굽 군대는 이스라엘 진에 가까이 할 수 없었습니다. 모세가 바다 위로 손을 내밀자 밤새도록 큰 동풍이 불었고, 그 바람에 홍해 물은 양쪽에 벽처럼 쌓였습니다. 그렇게 해서 홍해가 갈라졌고 그 한가운데에 길이 생겼습니다. 이스라엘은 그 길을 걸어 홍해 맞은 편으로 건너갔습니다.

한편 애굽 군대는 어떻게 되었습니까? 이스라엘이 바다에 난 길로 들어서자 자기들도 그 길로 들어서서 이스라엘을 추격했습니다. 그러자 하나님께서 불기둥과 구름기둥으로 그들을 어지럽히시니 아비규환이 되었고, 모세에게 명해 손을 바다 위로 내밀어 다시 물이 흐르게 하자 애굽 군대는 모두 다 물에 빠져죽었습니다.

우리도 믿음으로 살면 홍해 같은 난관에 부딪힙니다. 하나님은 바다에도 길을 내실 수 있는 분입니다. 우리가 할 일은 어떤 난관 앞에서도 절망하지 않고 기도하는 것입니다.

기도 주님! 홍해에 길을 내서라도 택하신 자들을 인도하시는 주님께 감사합니다. 제가 겁내지 않고 주님을 따르겠습니다.

한마디 "홍해에도 길은 있다."

Note

15 여호와께서 모세에게 이르시되 "너는 어찌하여 내게 부르짖느냐? 이스라엘 자손에게 명령하여
앞으로 나아가게 하고
16 지팡이를 들고 손을 바다 위로 내밀어 그것이 갈라지게 하라. 이스라엘 자손이 바다 가운데서
마른 땅으로 행하리라.
17 내가 애굽 사람들의 마음을 완악하게 할 것인즉 그들이 그 뒤를 따라 들어갈 것이라. 내가 바로와
그의 모든 군대와 그의 병거와 마병으로 말미암아 영광을 얻으리니
18 내가 바로와 그의 병거와 마병으로 말미암아 영광을 얻을 때에야 애굽 사람들이 나를 여호와인 줄
알리라." 하시더니
19 이스라엘 진 앞에 가던 하나님의 사자가 그들의 뒤로 옮겨 가매 구름 기둥도 앞에서 그 뒤로 옮겨
20 애굽 진과 이스라엘 진 사이에 이르러 서니 저쪽에는 구름과 흑암이 있고 이쪽에는 밤이 밝으므로
밤새도록 저쪽이 이쪽에 가까이 못하였더라.
21 모세가 바다 위로 손을 내밀매 여호와께서 큰 동풍이 밤새도록 바닷물을 물러가게 하시니
물이 갈라져 바다가 마른 땅이 된지라.
22 이스라엘 자손이 바다 가운데를 육지로 걸어가고 물은 그들의 좌우에 벽이 되니
23 애굽 사람들과 바로의 말들, 병거들과 그 마병들이 다 그들의 뒤를 추격하여 바다 가운데로 들어
오는지라.
24 새벽에 여호와께서 불과 구름 기둥 가운데서 애굽 군대를 보시고 애굽 군대를 어지럽게 하시며
25 그들의 병거 바퀴를 벗겨서 달리기가 어렵게 하시니 애굽 사람들이 이르되 "이스라엘 앞에서
우리가 도망하자. 여호와가 그들을 위하여 싸워 애굽 사람들을 치는도다."
26 여호와께서 모세에게 이르시되 "네 손을 바다 위로 내밀어 물이 애굽 사람들과 그들의 병거들과
마병들 위에 다시 흐르게 하라." 하시니
27 모세가 곧 손을 바다 위로 내밀매 새벽이 되어 바다의 힘이 회복된지라. 애굽 사람들이 물을 거슬러
도망하나 여호와께서 애굽 사람들을 바다 가운데 엎으시니
28 물이 다시 흘러 병거들과 기병들을 덮되 그들의 뒤를 따라 바다에 들어간 바로의 군대를 다 덮으니
하나도 남지 아니하였더라.
29 그러나 이스라엘 자손은 바다 가운데를 육지로 행하였고 물이 좌우에 벽이 되었더라.
30 그 날에 여호와께서 이같이 이스라엘을 애굽 사람의 손에서 구원하시매 이스라엘이 바닷가에서
애굽 사람들이 죽어 있는 것을 보았더라.
31 이스라엘이 여호와께서 애굽 사람들에게 행하신 그 큰 능력을 보았으므로 백성이 여호와를
경외하며 여호와와 그의 종 모세를 믿었더라.

86 하나님을 믿고 싸운 요나단

사무엘상 14:1-23

요절 "여호와의 구원은 사람이 많고 적음에 달리지 아니하였느니라."(6)

블레셋이 수많은 장비와 모래 같이 많은 군사들을 거느리고 이스라엘에 쳐들어왔는데(13:5), 이스라엘 군사들의 손에는 칼이나 창도 없었습니다(13:19-23). 그들은 전의를 상실하고 바위굴에 숨어 떨고 있었습니다(11). 그런데 그들 가운데 이들과 다른 사람이 있었으니, 그는 사울 왕의 아들 요나단이었습니다. 그는 부관 한 사람만 데리고 그 많고 강한 군사들과 싸우고자 했습니다. 도대체 어디서 그런 용기가 나왔습니까? 6절을 봅시다. "이 할례 받지 않은 자들에게로 건너가자. 여호와께서 우리를 위하여 일하실까 하노라. 여호와의 구원은 사람의 많고 적음에 달리지 아니하였느니라."

요나단은 어려운 상황만 보지 않았습니다. 그 어려운 상황에서도 하나님이 그의 백성들을 위해 일하실 것을 믿었습니다. 그는 또 "나 한 사람이 싸운들 무슨 소용이 있을까" 하고 생각하지 않았습니다. 그는 수가 문제가 아니라, 믿음이 문제인 것을 알았습니다.

이 믿음으로 블레셋에게 도전했을 때 과연 하나님이 일하셨습니다. 요나단이 20여명의 적군을 도륙하자 블레셋 진은 공포의 도가니로 빠져들고 혼란이 일어나 그들끼리 서로 죽였습니다. 동시에 두려워 숨어있던 이스라엘 군사들이 용기를 얻어 나와 싸우기 시작했고, 블레셋에 포로로 잡혀 있던 백성들도 들고 일어났습니다. 하나님께서 그 날 이스라엘에게 큰 승리를 주셨습니다.

기도 주님! 어려운상황이나적은수가문제가아니라
한 사람의 믿음이문제인것을 깨우쳐 주셔서 감사합니다.

한마디 "한 사람의 믿음의 용기"

Note

1 하루는 사울의 아들 요나단이 자기의 무기를 든 소년에게 이르되 우리가 건너편 블레셋 사람들의 부대로 건너가자 하고 그의 아버지에게는 아뢰지 아니하였더라.
2 사울이 기브아 변두리 미그론에 있는 석류나무 아래에 머물렀고 함께 한 백성은 육백 명 가량이며
3 아히야는 에봇을 입고 거기 있었으니 그는 이가봇의 형제 아히둡의 아들이요, 비느하스의 손자요, 실로에서 여호와의 제사장이 되었던 엘리의 증손이었더라. 백성은 요나단이 간 줄을 알지 못하니라.
4 요나단이 블레셋 사람들에게로 건너가려 하는 어귀 사이 이쪽에는 험한 바위가 있고 저쪽에도 험한 바위가 있는데 하나의 이름은 보세스요, 하나의 이름은 세네라.
5 한 바위는 북쪽에서 믹마스 앞에 일어섰고 하나는 남쪽에서 게바 앞에 일어섰더라.
6 요나단이 자기의 무기를 든 소년에게 이르되 "우리가 이 할례 받지 않은 자들에게로 건너가자. 여호와께서 우리를 위하여 일하실까 하노라. 여호와의 구원은 사람이 많고 적음에 달리지 아니하였느니라."
7 무기를 든 자가 그에게 이르되 "당신의 마음에 있는 대로 다 행하여 앞서 가소서. 내가 당신과 마음을 같이 하여 따르리이다."
8 요나단이 이르되 "보라, 우리가 그 사람들에게로 건너가서 그들에게 보이리니
9 그들이 만일 우리에게 이르기를 '우리가 너희에게로 가기를 기다리라.' 하면 우리는 우리가 있는 곳에 가만히 서서 그들에게로 올라가지 말 것이요,
10 그들이 만일 말하기를 '우리에게로 올라오라.' 하면 우리가 올라갈 것은 여호와께서 그들을 우리 손에 넘기셨음이니 이것이 우리에게 표징이 되리라." 하고
11 둘이 다 블레셋 사람들에게 보이매 블레셋 사람이 이르되 "보라, 히브리 사람이 그들이 숨었던 구멍에서 나온다." 하고
12 그 부대 사람들이 요나단과 그의 무기를 든 자에게 이르되 "우리에게로 올라오라. 너희에게 보여 줄 것이 있느니라." 한지라. 요나단이 자기의 무기를 든 자에게 이르되 "나를 따라 올라오라. 여호와께서 그들을 이스라엘의 손에 넘기셨느니라." 하고
13 요나단이 손 발로 기어 올라갔고 그 무기를 든 자도 따랐더라. 블레셋 사람들이 요나단 앞에서 엎드러지매 무기를 든 자가 따라가며 죽였으니
14 요나단과 그 무기를 든 자가 반나절 갈이 땅 안에서 처음으로 쳐죽인 자가 이십 명 가량이라.
15 들에 있는 진영과 모든 백성들이 공포에 떨었고 부대와 노략꾼들도 떨었으며 땅도 진동하였으니 이는 큰 떨림이었더라.
16 베냐민 기브아에 있는 사울의 파수꾼이 바라본즉 허다한 블레셋 사람들이 무너져 이리 저리 흩어지더라.
17 사울이 자기와 함께 한 백성에게 이르되 "우리에게서 누가 나갔는지 점호하여 보라." 하여 점호한즉 요나단과 그의 무기를 든 자가 없어졌더라.
18 사울이 아히야에게 이르되 "하나님의 궤를 이리로 가져오라." 하니 그 때에 하나님의 궤가 이스라엘 자손과 함께 있음이니라.
19 사울이 제사장에게 말할 때에 블레셋 사람들의 진영에 소동이 점점 더한지라. 사울이 제사장에게 이르되 "네 손을 거두라." 하고
20 사울과 그와 함께 한 모든 백성이 모여 전장에 가서 본즉 블레셋 사람들이 각각 칼로 자기의 동무들을 치므로 크게 혼란하였더라.
21 전에 블레셋 사람들과 함께 하던 히브리 사람이 사방에서 블레셋 사람들과 함께 진영에 들어왔더니 그들이 돌이켜 사울과 요나단과 함께 한 이스라엘 사람들과 합하였고
22 에브라임 산지에 숨었던 이스라엘 모든 사람도 블레셋 사람들이 도망함을 듣고 싸우러 나와서 그들을 추격하였더라.
23 여호와께서 그 날에 이스라엘을 구원하시므로 전쟁이 벧아웬을 지나니라.

87 골리앗에게 도전한 다윗

사무엘상 17:1-32

요절 "…하나님의 군대를 모욕하겠느냐?"(26)

블레셋이 다시 이스라엘을 공격해왔고, 이스라엘도 그에 맞서 엘라 골짜기에 진을 쳤습니다. 그런데 블레셋 진에서 싸움을 돋우는 자(Champion)가 나왔는데, 그가 골리앗이었습니다. 그는 그야말로 기골이 장대했고 엄청난 무장을 하고 있었습니다(4-7). 그는 이스라엘에서도 챔피언을 내보내 자기와 1대1로 싸워서 단판 승부를 내자고 위협했습니다. 그는 이스라엘을 겁먹게하여 싸우지 않고도 이기고자 했습니다. 그는 말합니다. "만일 내가 이겨 그를 죽이면 너희가 우리의 종이 되어 우리를 섬길 것이니라."(9)

그때 다윗은 아직 군대 갈 나이도 되지 못한 어린 소년이었습니다. 그는 집에서 양을 치고 있었는데, 아버지의 심부름으로 형들의 안부를 알아보기 위해 전장에 나갔다가 골리앗이 그의 백성들을 위협하는 것을 보았습니다. 이를 보고 다윗은 심히 분노했습니다. "이 할례받지 않은 블레셋 사람이 누구이기에 살아계시는 하나님의 군대를 모욕하겠느냐?"(26) 그리고 왕 앞에 나가게 되었을 때 "주의 종이 가서 저 블레셋 사람과 싸우리이다."(32) 하고 말합니다.

다윗이 골리앗에게 분노하고 도전하고자 했던 것은 골리앗이 하나님의 백성 이스라엘을 종 삼고자 했기 때문이었습니다. 또 살아 계시는 하나님을 무시하고 감히 하나님의 백성에게 공갈을 침으로써 하나님을 모욕했기 때문입니다. 그는 싸우다 죽는 한이 있더라도 이방인의 종이 될 수는 없었고, 하나님 모욕하는 것을 그냥 두고 볼 수 없었습니다. 그래서 다윗은 골리앗에게 도전했습니다.

기도 주님! 정욕과 물질, 장래문제 등의 골리앗들이 겁을 주며 저를 종 삼으려 합니다. 제가 떨기보다 이들에게 도전하겠습니다.

한마디 "떨 것인가, 도전할 것인가"

Note

1 블레셋 사람들이 그들의 군대를 모으고 싸우고자 하여 유다에 속한 소고에 모여 소고와 아세가 사이의 에베스담밈에 진 치매
2 사울과 이스라엘 사람들이 모여서 엘라 골짜기에 진 치고 블레셋 사람들을 대하여 전열을 벌였으니
3 블레셋 사람들은 이쪽 산에 섰고 이스라엘은 저쪽 산에 섰고 그 사이에는 골짜기가 있었더라.
4 블레셋 사람들의 진영에서 싸움을 돋우는 자가 왔는데 그의 이름은 골리앗이요, 가드 사람이라. 그의 키는 여섯 규빗 한 뼘이요,
5 머리에는 놋 투구를 썼고 몸에는 비늘 갑옷을 입었으니 그 갑옷의 무게가 놋 오천 세겔이며
6 그의 다리에는 놋 각반을 쳤고 어깨 사이에는 놋 단창을 메었으니
7 그 창 자루는 베틀 채 같고 창 날은 철 육백 세겔이며 방패 든 자가 앞서 행하더라.
8 그가 서서 이스라엘 군대를 향하여 외쳐 이르되 "너희가 어찌하여 나와서 전열을 벌였느냐? 나는 블레셋 사람이 아니며 너희는 사울의 신복이 아니냐? 너희는 한 사람을 택하여 내게로 내려보내라.
9 그가 나와 싸워서 나를 죽이면 우리가 너희의 종이 되겠고 만일 내가 이겨 그를 죽이면 너희가 우리의 종이 되어 우리를 섬길 것이니라."
10 그 블레셋 사람이 또 이르되 "내가 오늘 이스라엘의 군대를 모욕하였으니 사람을 보내어 나와 더불어 싸우게 하라." 한지라
11 사울과 온 이스라엘이 블레셋 사람의 이 말을 듣고 놀라 크게 두려워하니라.
12 다윗은 유다 베들레헴 에브랏 사람 이새라 하는 사람의 아들이었는데 이새는 사울 당시 사람 중에 나이가 많아 늙은 사람으로서 여덟 아들이 있는 중
13 그 장성한 세 아들은 사울을 따라 싸움에 나갔으니 싸움에 나간 세 아들의 이름은 장자 엘리압이요, 그 다음은 아비나답이요, 셋째는 삼마며
14 다윗은 막내라. 장성한 세 사람은 사울을 따랐고
15 다윗은 사울에게로 왕래하며 베들레헴에서 그의 아버지의 양을 칠 때에
16 그 블레셋 사람이 사십 일을 조석으로 나와서 몸을 나타내었더라.
17 이새가 그의 아들 다윗에게 이르되 "지금 네 형들을 위하여 이 볶은 곡식 한 에바와 이 떡 열 덩이를 가지고 진영으로 속히 가서 네 형들에게 주고
18 이 치즈 열 덩이를 가져다가 그들의 천부장에게 주고 네 형들의 안부를 살피고 증표를 가져오라."
19 그 때에 사울과 그들과 이스라엘 모든 사람들은 엘라 골짜기에서 블레셋 사람들과 싸우는 중이더라.
20 다윗이 아침에 일찍이 일어나서 양을 양 지키는 자에게 맡기고 이새가 명령한 대로 가지고 가서 진영에 이른즉 마침 군대가 전장에 나와서 싸우려고 고함치며,
21 이스라엘과 블레셋 사람들이 전열을 벌이고 양군이 서로 대치하였더라.
22 다윗이 자기의 짐을 짐 지키는 자의 손에 맡기고 군대로 달려가서 형들에게 문안하고
23 그들과 함께 말할 때에 마침 블레셋 사람의 싸움 돋우는 가드 사람 골리앗이라 하는 자가 그 전열에서 나와서 전과 같은 말을 하매 다윗이 들으니라.
24 이스라엘 모든 사람이 그 사람을 보고 심히 두려워하여 그 앞에서 도망하며
25 이스라엘 사람들이 이르되 "너희가 이 올라 온 사람을 보았느냐? 참으로 이스라엘을 모욕하러 왔도다. 그를 죽이는 사람은 왕이 많은 재물로 부하게 하고 그의 딸을 그에게 주고 그 아버지의 집을 이스라엘 중에서 세금을 면제하게 하시리라."
26 다윗이 곁에 서 있는 사람들에게 말하여 이르되 "이 블레셋 사람을 죽여 이스라엘의 치욕을 제거하는 사람에게는 어떠한 대우를 하겠느냐? 이 할례 받지 않은 블레셋 사람이 누구이기에 살아 계시는 하나님의 군대를 모욕하겠느냐?"
27 백성이 전과 같이 말하여 이르되 "그를 죽이는 사람에게는 이러이러하게 하시리라." 하니라.
28 큰형 엘리압이 다윗이 사람들에게 하는 말을 들은지라. 그가 다윗에게 노를 발하여 이르되 "네가 어찌하여 이리로 내려왔느냐? 들에 있는 양들을 누구에게 맡겼느냐? 나는 네 교만과 네 마음의 완악함을 아노니 네가 전쟁을 구경하러 왔도다."
29 다윗이 이르되 "내가 무엇을 하였나이까? 어찌 이유가 없으리이까?" 하고
30 돌아서서 다른 사람을 향하여 전과 같이 말하매 백성이 전과 같이 대답하니라.
31 어떤 사람이 다윗이 한 말을 듣고 그것을 사울에게 전하였으므로 사울이 다윗을 부른지라.
32 다윗이 사울에게 말하되 "그로 말미암아 사람이 낙담하지 말 것이라. 주의 종이 가서 저 블레셋 사람과 싸우리이다." 하니

88 골리앗을 이긴 다윗

사무엘상 17:38-58

요절 "나는 만군의 여호와의 이름 …으로 네게 나아가노라."(45)

사울은 다윗이 골리앗과 싸우는 것을 허락하고 갑옷과 칼을 하사했습니다. 그러나 다윗은 그것이 익숙하지 않아 벗어버리고 막대기와 물매와 물맷돌 다섯을 가지고 골리앗에게 나갔습니다(40). 그는 싸우려면 갑옷을 입어야 한다는 상식에 얽매이지 않았습니다. 또 좋다고 해서 남의 무기를 가지고 나가지 않았습니다. 자신에게 익숙한 것으로 나갔습니다.

거대한 몸집에 엄청난 무기로 무장하고 나와서 자기와 대적할 자를 내보내라며 이스라엘을 위협하던 골리앗은 홍안의 미소년이 막대기 하나와 물매 하나를 들고 나타난 것을 보았습니다. 골리앗은 크게 모욕을 느껴 마구 화를 내며 집어삼킬 듯이 다윗을 저주했습니다(42,43). 그러나 다윗은 마주 외쳤습니다. "너는 칼과 창과 단창으로 내게 나아 오거니와 나는 만군의 여호와의 이름 곧 네가 모욕하는 이스라엘 군대의 하나님의 이름으로 네게 나아가노라."(45)

다윗은 이 싸움이 이스라엘과 블레셋의 전쟁이 아니라 하나님과 하나님을 대적하는 자들의 전쟁, 영적인 전쟁으로 인식하고 있었습니다. 그러므로 그는 싸우는 방법에 있어서도 영적이었습니다. 그는 칼과 창으로 싸우기보다 하나님의 이름을 의지했습니다. 그가 하나님의 이름으로 물맷돌을 날렸을 때 그 돌은 골리앗의 이마에 박혔고, 그 거대한 골리앗은 힘 한번 쓰지 못하고 땅에 엎드러졌습니다.

기도 주님! 제가 인간적인 방법으로 싸우기보다 하나님을 믿고 영적인 방법으로 싸우도록 도와주십시오.

한마디 "믿음이 이기네."

Note

38 이에 사울이 자기 군복을 다윗에게 입히고 놋 투구를 그의 머리에 씌우고 또 그에게 갑옷을 입히매
39 다윗이 칼을 군복 위에 차고는 익숙하지 못하므로 시험적으로 걸어 보다가 사울에게 말하되
익숙하지 못하니 "이것을 입고 가지 못하겠나이다." 하고 곧 벗고
40 손에 막대기를 가지고 시내에서 매끄러운 돌 다섯을 골라서 자기 목자의 제구 곧 주머니에 넣고
손에 물매를 가지고 블레셋 사람에게로 나아가니라.
41 블레셋 사람이 방패 든 사람을 앞세우고 다윗에게로 점점 가까이 나아가니라.
42 그 블레셋 사람이 둘러보다가 다윗을 보고 업신여기니 이는 그가 젊고 붉고 용모가 아름다움이라.
43 블레셋 사람이 다윗에게 이르되 "네가 나를 개로 여기고 막대기를 가지고 내게 나아왔느냐?" 하고
그의 신들의 이름으로 다윗을 저주하고
44 그 블레셋 사람이 또 다윗에게 이르되 "내게로 오라. 내가 네 살을 공중의 새들과 들짐승들에게
주리라." 하는지라.
45 다윗이 블레셋 사람에게 이르되 "너는 칼과 창과 단창으로 내게 나아 오거니와 나는 만군의 여호와의
이름 곧 네가 모욕하는 이스라엘 군대의 하나님의 이름으로 네게 나아가노라.
46 오늘 여호와께서 너를 내 손에 넘기시리니 내가 너를 쳐서 네 목을 베고 블레셋 군대의 시체를
오늘 공중의 새와 땅의 들짐승에게 주어 온 땅으로 이스라엘에 하나님이 계신 줄 알게 하겠고
47 또 여호와의 구원하심이 칼과 창에 있지 아니함을 이 무리에게 알게 하리라. 전쟁은 여호와께
속한 것인즉 그가 너희를 우리 손에 넘기시리라."
48 블레셋 사람이 일어나 다윗에게로 마주 가까이 올 때에 다윗이 블레셋 사람을 향하여 빨리 달리며
49 손을 주머니에 넣어 돌을 가지고 물매로 던져 블레셋 사람의 이마를 치매 돌이 그의 이마에 박히니
땅에 엎드러지니라.
50 다윗이 이같이 물매와 돌로 블레셋 사람을 이기고 그를 쳐죽였으나 자기 손에는 칼이 없었더라.
51 다윗이 달려가서 블레셋 사람을 밟고 그의 칼을 그 칼 집에서 빼내어 그 칼로 그를 죽이고 그의
머리를 베니 블레셋 사람들이 자기 용사의 죽음을 보고 도망하는지라.
52 이스라엘과 유다 사람들이 일어나서 소리 지르며 블레셋 사람들을 쫓아 가이와 에그론 성문까지
이르렀고 블레셋 사람들의 부상자들은 사아라임 가는 길에서부터 가드와 에그론까지 엎드러졌더라.
53 이스라엘 자손이 블레셋 사람들을 쫓다가 돌아와서 그들의 진영을 노략하였고
54 다윗은 그 블레셋 사람의 머리를 예루살렘으로 가져가고 갑주는 자기 장막에 두니라.
55 사울은 다윗이 블레셋 사람을 향하여 나아감을 보고 군사령관 아브넬에게 묻되 "아브넬아, 이 소년이
누구의 아들이냐?" 아브넬이 이르되 "왕이여, 왕의 사심으로 맹세하옵나니 내가 알지 못하나이다." 하매
56 왕이 이르되 "너는 이 청년이 누구의 아들인가 물어보라." 하였더니
57 다윗이 그 블레셋 사람을 죽이고 돌아올 때에 그 블레셋 사람의 머리가 그의 손에 있는 채 아브넬이
그를 사울 앞으로 인도하니
58 사울이 그에게 묻되 "소년이여, 누구의 아들이냐?" 하니 다윗이 대답하되 "나는 주의 종 베들레헴
사람 이새의 아들이니이다." 하니라.

89

하나님을 믿으라

마가복음 11:20-25

요절 "예수께서 그들에게 대답하여 이르시되 하나님을 믿으라."(22)

예수님께서 성전에서 나오시다가 잎사귀만 무성하고 열매가 없는 무화과나무를 보시고 "이제부터 영원토록 사람이 네게서 열매를 따 먹지 못하리라."고 저주하셨습니다. 예수님은 그 무화과나무를 보시면서 아마 성전도 있고 종교행사도 있는데 그에 합당한 열매가 없는 이스라엘을 생각하고 마음이 아프셨을 것입니다.

그런데 이튿날 예수님이 저주하신 무화과나무가 뿌리로부터 말라버린 것을 보고 베드로가 큰 충격을 받았습니다(21). 그는 예수님의 말씀의 힘에 놀랐습니다. 자기도 그런 힘을 갖기를 원했습니다. 이런 그에게 예수님은 "하나님을 믿으라."고 말씀하십니다(22). 사람이나 모임이나 조직을 의지하지 말고 하나님만을 의지하라는 뜻입니다. 그리할 때 베드로는 산을 명하여 바다에 빠지게 하는 놀라운 일도 할 수 있습니다. 하나님은 전심으로 자기를 찾는 자들에게 능력을 베풀어주십니다(대하 16:9).

이렇게 크신 하나님의 능력을 덧입을 수 있는 길은 기도입니다. 그리고 기도하고 구한 것은 이미 받은 줄로 믿는 믿음입니다. 예수님은 "그리하면 너희에게 그대로 되리라."고 약속하십니다(24). 우리가 큰일을 할 수 없는 것은 기도해도 소용없을 것 같아 기도하지 않기 때문이요, 기도를 하고도 믿지를 못해 다른 마음을 품기 때문입니다. 의심하는 자는 바람에 밀려 요동하는 물결 같아서 아무 것도 얻을 수 없습니다(약 1:6,7).

기도 주님! 제가 사람이나 모임을 의지하고, 하나님을 의지하기 위해 기도하지 않은 것을 회개합니다.

한마디 "그리하면 너희에게 그대로 되리라!"

Note

20 그들이 아침에 지나갈 때에 무화과나무가 뿌리째 마른 것을 보고
21 베드로가 생각이 나서 여짜오되 "랍비여 보소서. 저주하신 무화과나무가 말랐나이다."
22 예수께서 그들에게 대답하여 이르시되 "하나님을 믿으라.
23 내가 진실로 너희에게 이르노니 누구든지 이 산더러 들리어 바다에 던져지라 하며 그 말하는 것이
이루어질 줄 믿고 마음에 의심하지 아니하면 그대로 되리라.
24 그러므로 내가 너희에게 말하노니 무엇이든지 기도하고 구하는 것은 받은 줄로 믿으라. 그리하면
너희에게 그대로 되리라.
25 서서 기도할 때에 아무에게나 혐의가 있거든 용서하라. 그리하여야 하늘에 계신 너희 아버지께서도
너희 허물을 사하여 주시리라." 하시니라.

제 90 일 – 제 91 일

신자의 희망

90 율법이 시온에서

이사야 2:1-22

요절 "이는 율법이 시온에서부터 나올 것이요…"(3)

이사야서 1장을 읽어보면 그 시대 이스라엘의 상황은 절망적이었습니다. 나라는 북쪽 이스라엘과 남쪽 유다로 갈라져 있었는데, 북쪽 이스라엘은 이미 앗수르에 의해 패망한 뒤였고, 남쪽 유다마저도 애굽 · 아람 · 바벨론 등의 주변 강대국들에게 조공을 바쳐가며 겨우 명맥을 유지하고 있었습니다. 이스라엘의 영적인 상태는 더욱 절망적이었습니다. 하나님께 드리는 제사는 성전의 마당을 밟는 일 일뿐이었고(1:11,12), 나라는 온통 부정부패로 가득 찼으며(1:22,23), 젊은이들은 병들었습니다(5:11,12; 3:16). 한마디로 이스라엘에는 흑암뿐이었습니다(8:22).

그러나 하나님은 이런 절망적인 상황에서도 결코 절망하지 않으셨습니다. 그들에게 희망을 두시고 말씀하셨습니다. 2,3절을 소리내어 읽어봅시다. 하나님은 그들이 온 세계 모든 사람들의 성경선생이요 목자가 되리라는 희망을 두셨습니다. 하나님은 또 세계 만방의 백성들이 이스라엘로부터 하나님의 도를 배우고 하나님의 길로 행하리라는 희망을 가지셨습니다. 사람이 하나님의 도를 떠나면 짐승이 됩니다. 그러나 하나님은 그들이 이스라엘로부터 하나님의 말씀을 배워 사람답게 살고, 그래서 온 세계에 평화가 깃들고(2:4), 공평과 정의가 서기를 원하셨습니다(9:7).

하나님의 아들 예수님께서 이 희망을 이루시기 위해 세상에 오셔서 열 두 제자들을 양성하셨습니다(마태 28:19,20; 마가 16:15; 누가 24:47,48; 요한 21:15).

기도 주님! 제가 세상만 바라보고 절망했던 것을 회개합니다.
제가 하나님의 희망을 영접하오니, 저를 성경선생으로써 주십시오.

한마디 "말씀이 한국에서"

Note

1 아모스의 아들 이사야가 받은 바 유다와 예루살렘에 관한 말씀이라.
2 말일에 여호와의 전의 산이 모든 산 꼭대기에 굳게 설 것이요, 모든 작은 산 위에 뛰어나리니 만방이
그리로 모여들 것이라.
3 많은 백성이 가며 이르기를 "오라, 우리가 여호와의 산에 오르며 야곱의 하나님의 전에 이르자.
그가 그의 길을 우리에게 가르치실 것이라. 우리가 그 길로 행하리라." 하리니 이는 율법이 시온에서
부터 나올 것이요, 여호와의 말씀이 예루살렘에서부터 나올 것임이니라.
4 그가 열방 사이에 판단하시며 많은 백성을 판결하시리니 무리가 그들의 칼을 쳐서 보습을 만들고
그들의 창을 쳐서 낫을 만들 것이며 이 나라와 저 나라가 다시는 칼을 들고 서로 치지 아니하며
다시는 전쟁을 연습하지 아니하리라.
5 야곱 족속아, 오라. 우리가 여호와의 빛에 행하자.
6 주께서 주의 백성 야곱 족속을 버리셨음은 그들에게 동방 풍속이 가득하며 그들이 블레셋 사람들
같이 점을 치며 이방인과 더불어 손을 잡아 언약하였음이라.
7 그 땅에는 은금이 가득하고 보화가 무한하며 그 땅에는 마필이 가득하고 병거가 무수하며
8 그 땅에는 우상도 가득하므로 그들이 자기 손으로 짓고 자기 손가락으로 만든 것을 경배하여
9 천한 자도 절하며 귀한 자도 굴복하오니 그들을 용서하지 마옵소서.
10 너희는 바위 틈에 들어가며 진토에 숨어 여호와의 위엄과 그 광대하심의 영광을 피하라.
11 그 날에 눈이 높은 자가 낮아지며 교만한 자가 굴복되고 여호와께서 홀로 높임을 받으시리라.
12 대저 만군의 여호와의 날이 모든 교만한 자와 거만한 자와 자고한 자에게 임하리니 그들이 낮아지리라.
13 또 레바논의 높고 높은 모든 백향목과 바산의 모든 상수리나무와
14 모든 높은 산과 모든 솟아 오른 작은 언덕과
15 모든 높은 망대와 모든 견고한 성벽과
16 다시스의 모든 배와 모든 아름다운 조각물에 임하리니
17 그 날에 자고한 자는 굴복되며 교만한 자는 낮아지고 여호와께서 홀로 높임을 받으실 것이요.
18 우상들은 온전히 없어질 것이며
19 사람들이 암혈과 토굴로 들어가서 여호와께서 땅을 진동시키려고 일어나실 때에 그의 위엄과
그 광대하심의 영광을 피할 것이라.
20 사람이 자기를 위하여 경배하려고 만들었던 은 우상과 금 우상을 그 날에 두더지와 박쥐에게 던지고
21 암혈과 험악한 바위 틈에 들어가서 여호와께서 땅을 진동시키려고 일어나실 때에 그의 위엄과
그 광대하심의 영광을 피하리라.
22 너희는 인생을 의지하지 말라. 그의 호흡은 코에 있나니 셈할 가치가 어디 있느냐?

91 그 때에

이사야 11:1-9

요절 "여호와를 아는 지식이 세상에 충만할 것임이니라."(9)

선지자 이사야는 그리스도가 오실 것을 예언했습니다. 그리스도는 다윗의 후손 가운데서 오십니다(1). 그 분에게는 지혜와 총명과 재능이 충만하십니다. 또 하나님을 경외하는 것을 즐거움으로 삼으시는 분이시기 때문에 눈에 보이는 대로, 또는 귀에 들리는 대로만 판단하지 않으십니다. 이사야가 예언한 그리스도가 바로 예수님이십니다. 예수님은 세상에 오셔서 지혜와 능력으로 백성들을 도우셨고, 사람들의 근본적인 문제인 죄를 대속하시기 위해 십자가에 돌아가셨습니다. 이 예수님은 때가 되면 다시 세상에 오셔서 악인들을 심판하십니다(4).

그때 어떤 일이 일어납니까? "그 때에 이리가 어린 양과 함께 살며, 표범이 어린 염소와 함께 누우며, 송아지와 어린 사자와 살진 짐승이 함께 있어 어린 아이에게 끌리며 … 이는 물이 바다를 덮음같이 여호와를 아는 지식이 세상에 충만할 것임이니라."(6-9)

그때에는 죄로 인한 미움과 시기, 경쟁과 약육강식이 다 사라질 것입니다. 그때에는 메시아로 인한 진정한 평화가 깃들 것입니다. 젖 먹는 아이들이 독사의 구멍에 손을 넣으며 장난을 해도 전혀 해가 없을 것이며, 세상에 어떤 해됨도 상함도 없을 것입니다. 이러한 낙원은 하나님을 아는 지식이 온 세상에 충만함으로써 이루어집니다. 인간의 제도나 과학 문명의 발달로 낙원을 이루려 했던 모든 실험들은 실패로 끝났습니다. 그리스도 예수님만이 우리의 희망입니다.

기도 주님! 제가 그리스도를 통해 이루어질 낙원을 바라봅니다.
세상에 하나님을 아는 지식으로 충만해지도록 저를 써 주십시오.

한마디 "여호와를 아는 지식이 세상에 충만할 것임이니라."

Note

1 이새의 줄기에서 한 싹이 나며 그 뿌리에서 한 가지가 나서 결실할 것이요,
2 그의 위에 여호와의 영 곧 지혜와 총명의 영이요, 모략과 재능의 영이요, 지식과 여호와를 경외하는 영이 강림하시리니
3 그가 여호와를 경외함으로 즐거움을 삼을 것이며 그의 눈에 보이는 대로 심판하지 아니하며 그의 귀에 들리는 대로 판단하지 아니하며
4 공의로 가난한 자를 심판하며 정직으로 세상의 겸손한 자를 판단할 것이며 그의 입의 막대기로 세상을 치며 그의 입술의 기운으로 악인을 죽일 것이며
5 공의로 그의 허리띠를 삼으며 성실로 그의 몸의 띠를 삼으리라.
6 그 때에 이리가 어린 양과 함께 살며 표범이 어린 염소와 함께 누우며 송아지와 어린 사자와 살진 짐승이 함께 있어 어린 아이에게 끌리며
7 암소와 곰이 함께 먹으며 그것들의 새끼가 함께 엎드리며 사자가 소처럼 풀을 먹을 것이며
8 젖 먹는 아이가 독사의 구멍에서 장난하며 젖 뗀 어린 아이가 독사의 굴에 손을 넣을 것이라.
9 내 거룩한 산 모든 곳에서 해 됨도 없고 상함도 없을 것이니 이는 물이 바다를 덮음 같이 여호와를 아는 지식이 세상에 충만할 것임이니라.